COLLÈGE

BORDAS LANGUES

Grammaire allemande

par les exercices

Françoise Tard

Certifiée d'allemand

Professeur à la Maison d'Éducation
de la Légion d'honneur, Saint-Germain-en-Laye

BORDAS

Conception maquette : AL'SOLO
Mise en page : Edicompo, Reims
Coordination éditoriale : Isabelle Lecharny
Révision des textes : Lucy Martinet

ISBN 2-04-730317-6

Introduction

Tu apprends l'allemand au collège et cet ouvrage va t'aider à t'entraîner et à réviser de façon active toutes les notions grammaticales essentielles. L'accent a été mis tout particulièrement sur les points qui demeurent souvent sujets d'erreurs ou d'hésitations.

Chaque unité est composée d'**exercices** et d'une fiche récapitulative de **grammaire**.

■ Les nombreux **exercices**, regroupés autour d'une notion grammaticale, te permettront d'apprendre ou de réviser en t'entraînant. Certains d'entre eux sont accompagnés d'« indices » qui attireront ton attention sur les pièges qu'il faut déjouer.

À gauche de chaque consigne, un petit logo t'indique clairement le niveau de difficulté de l'exercice :

= niveau 6e – 5e (ou 4e LV2)

= niveau 4e – 3e (ou 3e LV2)

= bon niveau de 3e (préparation à la 2de)

N'hésite pas, même si tu es élève de quatrième ou de troisième, à refaire les exercices du premier niveau, car il reste toujours des notions mal assimilées ou oubliées qu'il est bon de revoir !

■ Chaque série d'exercices est suivie d'une **fiche** qui résume la notion de **grammaire** traitée. Toutes les questions posées par les exercices trouvent ici leurs réponses.

Tous les exercices sont corrigés en fin d'ouvrage.

On apprend toujours mieux en pratiquant : c'est pourquoi cette *Grammaire par les exercices* te sera d'une aide efficace pour améliorer ton allemand tout au long du collège.

Sommaire

1 Les différents types de phrases

1 Complète les phrases suivantes.

1 Ich .... Stefan.
2 Hier .... Agnes.
3 Da .... Petra.
4 .... Tag ! Ich .... Boris.
5 Boris .... groß.
6 Er .... Tennis.
7 Boris und Steffi .... gut.
8 Ich .... in Berlin.
9 Er .... in München.
10 Christoph ... Hunger.

2 Reconstitue les phrases.

1 Das Foto – super – ist.
2 Er – Thomas – heißt.
3 Deutsch – lernt – Axel.
4 Sein Name – Tom – ist.
5 Susanne – in Berlin – wohnt.
6 spielt – Tennis – sie.
7 Frau Sold – eine Katze – hat.
8 Sonia – das – ist.

3 Commence par l'élément souligné.

1 Katja – ist – <u>hier</u>.
2 Sonntag – <u>heute</u> – ist.
3 <u>jetzt</u> – wir – essen.
4 Axel und Florian – <u>hier</u> – wohnen.
5 Lisa – <u>da</u> – kommt.
6 Volley-Ball – ich – <u>morgen</u> – spiele.
7 ist – kalt – es – <u>am Abend</u>.
8 Stefan – sagt – <u>„Grüß Gott"</u>.
9 das Wetter – <u>im Süden</u> – schön – ist.
10 wir – mit dem Computer – <u>am Mittwoch</u> – spielen.

indice *Dans la phrase énonciative, le verbe conjugué est en .... position, soit après le sujet, soit après le complément.*

4 Mets les phrases suivantes à la tournure interrogative.

1 Er ist jung.
2 Sie heißt Julia.
3 Du hast Geld.
4 Es kostet drei Euro.
5 Berlin ist groß.
6 Sie spricht Deutsch.
7 Du zählst bis 10.
8 Der Fotograf ist gut.
9 Du bist doof.
10 Wir müssen nach Hause.

indice *Les questions auxquelles on peut répondre par* ja *ou par* nein *commencent par* ....

5 Complète par le pronom interrogatif.

1 .... heißt du ?
2 .... ist los ?
3 .... wohnst du ?
4 .... kauft Natascha ?
5 .... geht in die Disco ?
6 .... alt ist er ?
7 .... kommst du nicht ?
8 .... fotografiert die Giraffe ?
9 .... ist das Wetter ?
10 .... Kinder hat Familie Carsten ?

indice *Quand la phrase commence par un pronom interrogatif, le verbe est en* .... *position, sauf après* wie viel.

6 Pose les questions entraînant les réponses suivantes.

1 .... ? – Ich bin 11 Jahre alt.
2 .... ? – Sie heißt Anne.
3 .... ? – Das ist der Ball.
4 .... ? – Es ist 3.00 Uhr.
5 .... ? – Wir wohnen in Hamburg.
6 .... ? – Da kommt Onkel Hans.
7 .... ? – Das Wetter ist schön.
8 .... ? – Mein Name ist Paul.
9 .... ? – Das ist die Kassette.
10 .... ? – Ich komme morgen.

7 Demande à un(e) ami(e) :

1 son âge. Wie alt bist du
2 comment il / elle s'appelle. Wie heißt du
3 ce qu'il se passe. Was ist los?
4 ce que ça coûte. Wie viele Kostet es/das
5 où il / elle habite. Wo wohnst du
6 quelle heure il est. Wie viel Uhr ist es
7 quand il / elle vient. Wann kannst du
8 ce qu'il / elle veut. Was wollst du.
9 qui téléphone. Wer telefoniert.
10 s'il / elle parle allemand. Sprecht du Deutsch

8 Forme une phrase à partir des mots suivants.

1 Arno – krank – sein – und – nicht – kommen – können.
2 Ingrid – intelligent – sein – aber – sie – nicht genug – arbeiten.
3 Ich – jetzt – weggehen müssen – denn – ich – wenig – Zeit – haben.
4 Du – hier – bleiben – oder – du – mitkommen.
5 Axel – das Abitur – schaffen – werden – denn – er – fleißig – sein.

→ indice *Les mots* und, aber, oder, denn *n'ont aucune influence sur la place du verbe conjugué.*

9 Commence la phrase par l'élément souligné.

1 Ich habe <u>die Postleitzahl von Hamburg</u> leider nicht.
2 Deutschland wurde <u>am 3. Oktober 1990</u> vereinigt.
3 Ein junger Mann erschien <u>eines Tages</u> in der Stadt.
4 Das Mädchen wurde Rotkäppchen genannt, <u>weil es eine rote Kappe trug</u>.
5 Er hat <u>am Anfang</u> nichts gesagt.
6 Wir haben <u>am ersten Tag</u> die Altstadt besichtigt.
7 Es wurde <u>ganz plötzlich</u> in der Klasse ruhiger.
8 Es regnete, <u>als wir in Frankfurt ankamen</u>.
9 Die Jungen wollten <u>schon am Anfang</u> nicht mitspielen.
10 Ich gehe gern ins Schwimmbad, <u>wenn das Wetter schön ist</u>.

→ indice *Si la phrase commence par un complément, le verbe vient immédiatement après.*

10 Comment dirais-tu ?

1 Bonjour, je m'appelle Karin.
2 Voici Toni et Silvana.
3 Aujourd'hui nous jouons au tennis.
4 Thomas habite à Berlin.
5 Où habites-tu ?
6 Maintenant nous parlons allemand.
7 Le soir il fait froid.
8 Où vas-tu ?
9 Il voudrait une glace.
10 Qu'est-ce qu'elle achète ?

11 Indique J (juste) ou F (faux) en face de chaque phrase et réécris si nécessaire la phrase correcte.

1 Er will eine Katze haben, aber will seine Mutter nicht. ☐
2 Jan spielt Gitarre, und er macht auch Judo. ☐
3 Julia bleibt im Bett, denn ist sie krank. ☐
4 Du kommst mit, oder wir bleiben zu Hause. ☐
5 Sie kauft den Walkman nicht, denn ist er zu teuer. ☐
6 Heute wir gehen ins Schwimmbad. ☐
7 Alexander will Fußball spielen. ☐
8 Ja, habe ich einen Hund. ☐
9 Ich muss jetzt nach Hause, aber ich komme morgen wieder. ☐
10 Nächsten Monat wir machen eine Klassenfahrt. ☐

12 Réponds par la tournure négative.

1 Ist das ein Füller ? Nein, das ist ...
2 Ist es ein Film mit Brad Pitt ?
3 Hat er einen BMW ?
4 Trinkt sie eine Cola ?
5 Ist das ein Buch für Kinder?

indice *On utilise* kein *pour nier* ein.

13 Mets à la tournure négative.

1 Das ist Bier. Nein, das ist...
2 Er hat Geld.
3 Sie hat Kinder.
4 Er will Kartoffeln.
5 Wir haben Zeit.

indice *On utilise* kein *avant le nom sans déterminant.*

14 Réponds par la tournure négative.

1 Bist du hungrig ? Nein, ich bin...
2 Kaufst du diesen Pulli ?
3 Fährt er nach Berlin ?
4 Hat er die Theaterkarten bekommen ?
5 Kann sie in Ferien fahren ?

indice Nicht *se place* .... *un complément sans préposition,* .... *l'élément auquel il se rapporte.*

15 Réponds par la tournure négative.

1 Geht er in die Schule ?
2 Hast du Lust auf eine Radtour ?
3 Kennst du diese Leute ?
4 Ist sie nett zu Sven ?
5 Trinkst du Rotwein ?
6 Geht Alex auf die Uni ?
7 Kaufst du diese Schuhe ?
8 Findet er sein Portemonnaie ?
9 Hat der Zug aus Berlin Verspätung ?
10 Hast du den Scheck unterschrieben ?

La phrase déclarative

Le verbe conjugué est toujours en 2ᵉ position, soit après le sujet, soit après le complément.

Tobias	***kommt***	*morgen.*	Sujet + Verbe + Complément
Morgen	***kommt***	*Tobias.*	Complément + Verbe + Sujet
1	2	3	

➲ Le complément en tête de phrase n'est jamais suivi d'une virgule.

Remarque : Le complément peut être une proposition subordonnée :

Weil er krank ist,	*muss*	*er zu Hause bleiben.*
Complément (subord.)	Verbe	Sujet

La phrase interrogative

• Verbe en 1ʳᵉ position dans l'interrogation globale, à laquelle on répond par ***ja*** ou ***nein*** : ***Kommt*** *Tobias morgen ?*

• Verbe en 2ᵉ position dans l'interrogation partielle, qui commence par un pronom interrogatif en ***w-*** : ***Wann kommt Tobias*** *? – Morgen.*

La phrase négative

• Lorsque la phrase comporte un indéfini ou un nom sans article, on emploie l'article négatif ***kein***. ***Kein*** se décline comme ***ein*** au singulier et comme ***die*** au pluriel :

Hast du Geld / einen Mercedes ?

Nein, ich habe ***kein*** *Geld /* ***keinen*** *Mercedes.*

• Dans tous les autres cas, on emploie ***nicht***. ***Nicht*** se place :

– après un complément sans préposition : *Ich kenne diese Frau* ***nicht***.

– avant tous les autres éléments auxquels il se rapporte :

Er geht ***nicht*** *ins Kino. Sie ist* ***nicht*** *krank.*

La phrase impérative

Le verbe est en première position.

Mach *schnell ! Tobias,* ***komm*** *doch !*

1 0 1

➲ **Remarque** :

Ja, ***nein***, ***doch***, les conjonctions de coordination ***aber*** (mais), ***denn*** (car), ***oder*** (ou) et ***und*** (et) ainsi que le nom de la personne dans la phrase impérative n'influent pas sur la position du verbe. On pourrait dire qu'ils occupent la position 0 :

Er kommt nicht, denn er ***ist*** *krank.*

0 1 2

2 Place du verbe dans les subordonnées

1 Rapporte les phrases de Jens. (Attention, il faut parfois changer de sujet selon le sens.)

Jens sagt, dass ...

1 Ich heiße Jens.
2 Ich wohne in Berlin.
3 Ich bin 12 Jahre alt.
4 Ich habe zwei Brüder.
5 Ich spiele gern Volley-Ball.
6 Die Schule ist supermodern.
7 Die Lehrer sind nett.
8 Die Klassenkameraden sind super.
9 Berlin ist eine schöne Stadt.
10 Ich möchte nach Paris fahren.

indice *Quelle est la place du verbe dans les subordonnées ?*

2 Rapporte les questions de Steffi.

Steffi fragt, ...

1 Ist das Foto interessant ?
2 Hat er Hunger ?
3 Wohnt Armin in München ?
4 Hat Monika einen Job ?
5 Möchte Alex ein Eis essen ?
6 Will Omi ein Foto machen ?
7 Ist Petra blond ?
8 Gehen die Kinder in die Schule ?
9 Macht Cola dick ?
10 Kann Sven surfen ?

indice *N'oublie pas la virgule entre la principale et la subordonnée.*

3 Complète par *dass* ou *ob*.

1 Frau Gerk fragt, ... das Wetter schön ist.
2 Martin weiß nicht, ... der Walkman im Zimmer ist.
3 Claudia findet, ... die Musik toll ist.
4 Opa fragt Sabine, ... sie einen Keks will.
5 Herr Seehof sagt, ... das Tennisspiel um 14.00 Uhr beginnt.
6 Frau Reuter fragt, ... Jürgen am Telefon ist.
7 Ich möchte wissen, ... Post da ist.
8 Ich frage dich, ... du ein Glas Limo willst.
9 Christine sagt, ... der Film phantastisch ist.
10 Er will wissen, ... Simon morgen in die Schule geht.

4 Associe les questions et les réponses.

1 Warum gehst du nicht ins Kino ?
2 Warum bleibst du im Bett ?
3 Warum fotografierst du die Stadt nicht ?
4 Warum willst du nicht essen ?
5 Warum kaufst du die Kassette nicht ?

a) weil sie zu teuer ist.
b) weil ich nicht hungrig bin.
c) weil der Film doof ist.
d) weil ich müde bin.
e) weil sie nicht schön ist.

1c – 2d – 3e – 4b – 5a

5 Relie les phrases par *weil.*

1 Ich kann nicht kommen. Ich habe Schule.
2 Er will Kartoffelsalat. Er ist hungrig.
3 Stefan ist in einer Schüler-Clique. Es macht ihm Spass.
4 Die Eltern kommen mit. Sie haben Zeit.
5 Sie mögen Wien. Es ist eine tolle Stadt.

6 Réécris les phrases en supprimant *dass.*

1 Stefanie sagt, dass sie gern Federball spielt.
2 Die Eltern meinen, dass wir zu viel fernsehen.
3 Sie finden, dass das Foto klasse ist.
4 Ich denke, dass wir sofort in die Schule gehen müssen.
5 Die Lehrerin weiß, dass das Mädchen noch nicht lesen kann.

7 Rétablis *dass* dans les phrases suivantes.

1 Er sagt, er ist ein guter Tennisspieler.
2 Steffi hofft, sie darf Computerspiele machen.
3 Die Verkäuferin findet, der Mantel ist zu kurz.
4 Der Lehrer meint, sie kann besser arbeiten.
5 Sein Freund denkt, er ist schon weggegangen.

indice *Lorsque* dass *est sous-entendu, le verbe de la complétive est en deuxième position après le sujet.*

8 Rapporte les questions suivantes au discours indirect.

Der Vater fragt, ...

1 Wer macht Computerspiele ?
2 Wo wohnt Kai ?
3 Wann kommt Max nach Hause zurück ?
4 Wen ruft Hilke an ?
5 Wohin gehen die Kinder heute Abend ?
6 Wie lange ist Katherina in Deutschland geblieben ?
7 Tippt er in sein Handy ?
8 Wem hat Martina die Aufgabe gegeben ?
9 Welchen Tag haben wir heute ?
10 Ist das Wetter schön ?

9 Comment dis-tu en allemand ?

1 Maria dit que la photo est super.
2 Je sais qu'il habite à Bonn.
3 Axel demande si tu parles allemand.
4 Il reste au lit parce qu'il est malade.
5 Max trouve que le gâteau est trop petit.
6 Il ne sait pas que Steffi a de l'argent.
7 Andreas demande si nous restons à la maison.
8 Isabel ne peut pas venir parce qu'elle a école.
9 Sais-tu s'il joue de la guitare ?

10 Introduis la phrase suivante à l'endroit indiqué.

Er ist krank.

1 Er arbeitet nicht, denn ....
2 Er arbeitet nicht, weil ....
3 Heute .... und arbeitet nicht.
4 Weil ...., arbeitet er nicht.
5 Er arbeitet nicht, weil ....
6 Ich möchte wissen, ob ....
7 Seit wann .... ?
8 Im Winter ....
9 Er geht in die Disco, aber ....
10 Weil er sich nicht warm genug angezogen hat, ...

*Er sagt, **dass** Christian im Garten **arbeitet**.*
*Er fragt, **ob** Katrin morgen kommen **kann**.*
*Herr Albrecht arbeitet nicht, **weil** er krank **ist**.*

Dans la proposition subordonnée, le verbe conjugué est en dernière position. La subordonnée est séparée de la principale par une virgule.

• La conjonction ***dass*** introduit une subordonnée complétive.

*Er sagt, **dass** Christian im Garten arbeitet.*
Il dit que Christian travaille dans le jardin.

*Ich glaube, **dass** er Recht hat.*
Je crois qu'il a raison.

➔ Après des verbes à la forme affirmative exprimant le sentiment ou l'opinion, comme *sagen, denken, hoffen, meinen, dass* peut être sous-entendu. Dans ce cas, le verbe reste en deuxième position :

*Er sagt, Christian **arbeitet** im Garten.*
*Ich denke, du **hast** Recht.*

• La conjonction ***ob*** introduit une subordonnée interrogative globale.
L'interrogation porte sur toute la subordonnée.

*Er fragt, **ob** Katrin morgen kommen **kann**.*
Il demande si Katrin peut venir demain.

*Ich weiß nicht, **ob** er in Berlin wohnt.*
Je ne sais pas s'il habite à Berlin.

• La conjonction ***weil*** introduit une subordonnée de cause.
Elle répond à la question ***warum***.

*Herr Albrecht arbeitet nicht, **weil** er krank **ist**.*
M. Albrecht ne travaille pas parce qu'il est malade.

▷ Pour les autres types de subordonnées, voir **Conjonctions de subordination**, p. 118 et 123.

3 Les mots interrogatifs

1 *wer, was, wo, woher.* Pose la question qui a comme réponse l'élément en italique.

1 *Raphael* wohnt in Bonn.
2 Thomas kauft eine *Kassette.*
3 Melanie arbeitet *in Berlin.*
4 Fräulein Kioko kommt *aus Tokio.*
5 Katja ist *am Kiosk.*
6 Frau Streuber ist *Deutschlehrerin.*
7 Patricia ist *im Garten.*
8 *Axel* spielt Volley-Ball.
9 Christine kommt *aus der Schule.*
10 *Rainer* will einen Walkman kaufen.

indice Wer *ou* was *? Lequel s'utilise pour les choses et lequel pour les personnes ? Quelle est la différence entre* wo *et* woher *?*

2 *wie, wie viel, wie alt, wohin.* Pose la question qui a comme réponse l'élément en italique.

1 Muttis Mantel ist *rot.*
2 Agnes ist 12 *Jahre alt.*
3 Frau Hartmann hat *drei* Kinder.
4 Fräulein Keller ist *sehr nett.*
5 Es ist *12 Uhr.*
6 Um eins gehen die Schüler *nach Hause.*
7 Morgen fährt Elke *nach Wien.*
8 2 + 2 ist *4.*
9 Ich möchte *zwei Pizza* essen.
10 Mein Zimmer ist *supermodern.*

indice Wohin *porte sur le lieu où l'on va.*

3 *welcher, welche, welches.* Complète.

1 Welch... Stadt ist das ? Mainz oder Wiesbaden ?
2 Welch... Buch ist das ? Dein Deutschbuch oder dein Englischbuch ?

3 Welch... Land ist das ? Luxemburg oder Belgien ?
4 Welch... T-Shirt willst du ? Das weiße oder das schwarze ?
5 Welch... Musik magst du ? Pop-Musik oder klassische Musik ?
6 Gib mir die Hose ! – Welch... Hose ?
7 Gib mir den Schlüssel ! – Welch... Schlüssel ?
8 Gib mir die Comics ! – Welch... Comics ?
9 Gib mir die Karte ! – Welch... Karte ?
10 Gib mir den Pulli ! – Welch... Pulli ?

indice *L'adjectif interrogatif* welch... *sert à identifier une personne ou une chose parmi un ensemble. On est placé devant un choix. Il se décline comme* de**r**, di**e**, da**s**.

4 *wo, wohin, woher*. Pose la question sur l'élément en italique.

1 Nadine wohnt *in Holland.*
2 Agnes bleibt *in der Schule.*
3 Herr Tonini kommt *aus Italien.*
4 Mutti arbeitet *im Garten.*
5 Jan geht *in die Küche.*
6 Die Katze schläft *auf dem Sofa.*
7 Hamburg liegt *in Norddeutschland.*
8 Frau Maier fährt *nach Madrid.*
9 Christiane kommt *aus Weimar.*
10 Frankfurt liegt *am Main.*

indice W... *porte sur le lieu où l'on est.*
W... *porte sur le lieu où l'on va.*
W... *porte sur le lieu d'où l'on vient.*
Donc, fais attention au sens du verbe !

5 *wer, wen, wem*. Pose la question sur l'élément en italique.

1 *Katja* spielt Tennis.
2 Der Moderator interviewt *einen Rocksänger.*
3 Jan möchte *Carola* fotografieren.
4 Helene bringt *ihrer Freundin* ein Kätzchen.
5 Er zeigt *dem Freund* seinen CD-Spieler.
6 Mutti will *den Arzt* rufen.
7 *Florian* arbeitet bei einem Freund.
8 *Meinen Eltern* gefallen meine neuen Schuhe nicht.
9 Der Walkman gehört *mir.*
10 Sie ruft *Agnes* an.

6 *wann, wie lange, wie oft.* Pose la question sur l'élément en italique.

1 *Morgen* möchte Steffi ins Kino gehen.
2 Bernd hat *zwei Monate* in Berlin gearbeitet.
3 Die Züge fahren *alle 20 Minuten*.
4 *Gestern* haben wir einen guten Film gesehen.
5 Thomas besucht seine Großeltern *jedes Wochenende*.
6 Astrid hat *eine Viertelstunde* auf den Bus gewartet.
7 Michael will Nadine *bald* besuchen.
8 Jan hat *dreimal in der Woche* Deutsch.
9 *Jeden Abend* bringt Tobias den Mülleimer raus.
10 *In einer Stunde* kommen die Gäste.

7 woran, womit, wofür...

a) Complète.

1 .... denkst du ? – An die Ferien.
2 .... freust du dich ? – Über meine gute Note.
3 .... schreibst du ? – Mit meinem Füller.
4 .... sprechen Sie ? – Von einer Reportage über Alaska.
5 .... erzählt der Text ? – Von der modernen Technik.

b) Comment dirais-tu ?

6 À quoi t'intéresses-tu ?
7 De quoi s'agit-il ?
8 Par quoi commençons-nous ?
9 De quoi parlent-ils ?
10 Qu'est-ce que tu attends ?

indice *Le pronom interrogatif adverbial ne s'utilise que pour les choses. (Voir p. 136)*

L'interrogative directe

WER	qui	***Wer*** *arbeitet im Garten ? –* ***Frau Sold.***

On utilise la forme ***wer*** quand on veut connaître l'identité du sujet. ***Wer*** est au nominatif et se décline comme suit.

WEN	qui (accusatif)	***Wen*** *fotografierst du ? – Ich fotografiere* ***Agnes.***
WEM	qui, à qui (datif)	***Wem*** *schenkst du diese Kassette ? –* ***Meinem Freund.***
WESSEN	(génitif)	***Wessen*** *Haus ist das ? – Das ist das Haus der Großeltern.*
WAS	quoi	*Was kaufst du ? –* ***Ein T-Shirt.***
WO	où (locatif)	***Wo*** *wohnst du ? –* ***In Berlin.***
WOHIN	où (directif)	***Wohin*** *fährt dein Vater ? –* ***Nach Hamburg.***
WOHER	d'où (provenance)	***Woher*** *kommt sie ? –* ***Aus München.***
WIE	comment	***Wie*** *ist das Wetter heute ? –* ***Schön.***
WIE	+ adjectif	
	âge	***Wie alt*** *bist du ? – 14.*
	taille	***Wie groß*** *bist du ? – 1 m 60.*
	hauteur	***Wie hoch*** *ist der Fernsehturm ? – 160 m hoch.*
	profondeur	***Wie tief*** *ist der Fluß hier ? – 4 m tief.*
	heure	***Wie spät*** *ist es ? – 10 Uhr.*
WIE VIEL	quantité	***Wie viel*** *Kinder hat sie ? – 3.*
WARUM,	cause	***Warum*** *arbeitest du nicht ? – Weil ich müde bin.*
WESHALB		
WELCH (-er, -es, -e)	quel, lequel	***Welchen*** *Mantel willst du ? –* ***Den roten.***

On utilise ***welch-*** lorsqu'on est placé devant un choix. Il se décline comme *der, die, das.*

WANN	quand	***Wann*** *kommst du zu uns ? –* ***Nächsten Sonntag.***
WIE LANGE	combien de temps	***Wie lange*** *bleibt sie in Paris ?* – ***4 Tage.***
WIE OFT	tous les combien (fréquence)	***Wie oft*** *fahren die Züge ?* – ***Alle 10 Minuten.***
WO(R)	+ préposition (voir p. 136)	***Woran*** *denkst du ?* – ***An die Ferien.***

L'interrogative rapportée

Wo spielt *Max Tennis ? Ich möchte wissen,* ***wo*** *Max Tennis* ***spielt.***

Dans l'interrogative rapportée, le verbe se place à la fin de la proposition. Le mot interrogatif joue le rôle de subordonnant.

4 Les éléments du groupe verbal

1 Retrouve l'ordre des mots.

1 wir / hungrig / sind / immer
2 ist / die Sekretärin / müde
3 nicht / die Katze / ist / krank
4 nett / meine Oma / immer / ist
5 Axel / sportlich / nicht / ist

2 Reconstitue les phrases en commençant par l'élément souligné.

1 Birgit / Sonja / bei / ist
2 gehen / Wir / zu / Frau / Wagner / nicht
3 Ich / nicht / arbeite / zu / Hause
4 jetzt / sind / Oma / Die Kinder / bei
5 nicht / geht / Tante Gerda / nach / Hause

indice *Dans une proposition indépendante, le verbe conjugué se trouve en deuxième position.*
L'attribut ou le complément est en dernière position.

3 Complète (l'infinitif est donné entre parenthèses).

a)

1 Ich .... Martina ab. (*abholen*)
2 Der Vogel .... fort. (*fortfliegen*)
3 Mutti geht ins Kino. Ich .... mit. (*mitkommen*)
4 Heute Abend .... wir aus. (*ausgehen*)
5 Jan .... Onkel Franz an. (*anrufen*)

b)

1 Agnes .... morgen .... (*zurückkommen*)
2 Die Kinder .... den Tisch .... (*abdecken*)
3 Im Juli .... wir .... (*umziehen*)
4 Hilke .... den Koffer .... (*auspacken*)
5 Frau Gasser .... sich .... (*vorstellen*)

4 Complète selon le modèle.

Geht er ins Kino ? → Ja, er will ins Kino gehen

1 Geht sie in die Disco ? Ja, sie will ....
2 Geht Katrin nach Hause ? Ja, sie will ....
3 Essen wir um 12.30 Uhr ? Ja, wir wollen ....
4 Decken die Kinder den Tisch ab ? Ja, sie müssen ....
5 Nehmen wir Oliver mit ? Ja, wir können ....

indice *Dans une proposition indépendante, l'infinitif se trouve* ....

5 Complète selon le modèle.

a) *Sonia, kannst du bitte zuhören ? Ja, ich höre zu.*

1 Fritzi, kannst du bitte mitkommen ?
2 Jens, kannst du bitte die Tür aufmachen ?
3 Moritz, kannst du bitte das Zimmer aufräumen ?
4 Agnes, kannst du bitte das Licht ausmachen ?
5 Steffi, kannst du bitte den Hund mitnehmen ?

b) *Isabel kommt nicht mit. Sie will nicht mitkommen.* X

6 Simon steht nicht auf.
7 Carolin fängt nicht an.
8 Tobias zieht sich nicht um.
9 Anne denkt nicht nach.
10 Viola stellt sich nicht vor.

6 Fais précéder les phrases suivantes de : *ich glaube, dass...*

1 Adelin ist krank.
2 Sie ist jetzt fertig.
3 Frau Spitz ist heute krank.
4 Tobias ist sehr nett.
5 Mein Onkel ist immer froh.

indice *Où se trouve l'attribut ou le complément par rapport au verbe dans une subordonnée ?*

7 Reprends les phrases de l'exercice 2, en les faisant précéder de *Er sagt, dass...*

8 Fais précéder les phrases suivantes de :

a) Er sagt, dass...

1 Rainers ziehen um.
2 Christof ruft Jens an.
3 Die Kinder sehen zu viel fern.
4 Der Winter kommt bald zurück.
5 Sie holt Marco am Bahnhof ab.

b) Ich weiß nicht, ob...

6 Er kommt morgen zurück.
7 Patricia passt auf.
8 Sie steht um 7.00 Uhr auf.
9 Die Schule fängt nächste Woche an.
10 Das Taxi kommt jetzt an.

9 Mets les phrases au discours direct.

Agnes sagt, dass Deutsch klasse ist. → Ja, Deutsch ist klasse.

1 Jens sagt, dass Boris super ist. Ja, ...
2 Arnold meint, dass Alkohol nervös macht. Ja, ...
3 Die Eltern sagen, dass die Kinder zu viel fernsehen. Ja, ...
4 Sie meint, dass das Taxi bald ankommt. Ja, ...
5 Er sagt, dass Christian Agnes anrufen will. Ja, ...

10 Fais précéder chaque phrase de *er sagt, dass* ou de *er fragt, ob.*

1 Christine will ins Kino gehen.
2 Frau Klein arbeitet bei der Lufthansa.
3 Fängt die Schule nächste Woche an ?
4 Sabrina surft jeden Tag in Internet.
5 Ist der Film interessant ?

11 Complète par la particule qui manque.

1 Wir holen Katrin am Bahnhof ....
2 Ich gehe in den Tennisclub. Kommst du .... ?
3 Die Oma will Sonja .... rufen.
4 Morgen stehe ich um 7.00 Uhr ....
5 Das Fußballspiel fängt bald ....
6 Wir sehen immer um 20.00 Uhr ....
7 Katrin, gehst du nächsten Samstag .... ?
8 Der Bus kommt ....
9 Du gehst ins Kino, aber du nimmst Laura ....
10 Kannst du mir die Tür .... machen ?

Les propositions indépendantes

Le verbe conjugué se trouve en 2ᵉ position (voir p. 11) et les autres éléments du groupe verbal en **dernière position** :

• attribut du sujet (avec l'auxiliaire ***sein***) :

Max ***ist*** *heute* ***krank.***	Max est malade aujourd'hui.

• complément circonstanciel :

Petra ***ist*** *heute* ***bei Ingrid.***	Petra est chez Ingrid aujourd'hui.
Oliver ***geht*** *auch zu* ***Ingrid.***	Oliver va aussi chez Ingrid.

➲ Le complément introduit par ***bei*** répond à la question ***wo.***
Le complément introduit par ***zu*** répond à la question ***wohin.***
(voir p. 69)

Attention ! On dit ***zu Hause sein*** (être chez soi, à la maison) et ***nach Hause gehen*** (aller chez soi, rentrer à la maison).

• infinitif (après un verbe de modalité) :

Jan ***will*** *ein T-Shirt* ***kaufen.***	Jan veut acheter un T-Shirt.

Les propositions subordonnées

Le verbe conjugué se trouve en dernière position (voir p. 15) et les autres éléments du groupe verbal sont placés **immédiatement avant lui** :

Max sagt, dass er heute ***krank ist.***

Er sagt, dass Petra heute ***bei Ingrid ist.***

Er sagt, dass Oliver auch ***zu Ingrid geht.***

Er sagt, dass Jan ein T-Shirt ***kaufen will.***

Verbes à particule séparable

• Dans les propositions indépendantes, la particule se trouve en dernière position :

anrufen → *Petra* ***ruft*** *Alexander* ***an.***	Petra appelle Alexander.

• Dans les propositions subordonnées, la particule reste soudée au verbe :

abholen → *Ich möchte, dass du Petra* ***abholst.***
Je voudrais que tu ailles chercher Petra.

5 Le présent de l'indicatif

1 Complète par *haben, sein* ou *werden*.

1 Ich .... Durst.
2 Wie groß .... du ?
3 .... ihr müde ?
4 Axel und Anne .... im Garten.
5 „Birgit, Holger, ... ihr Hunger ?"
6 Reicherts .... Besuch.
7 Die Kinder .... schnell groß.
8 Salat und Tomaten .... gesund.
9 „Jens, Christian, wo .... ihr denn ?"
10 Petra ist 11 Jahre alt, sie .... bald 12.

2 Complète par les formes voulues du verbe donné dans la parenthèse.

1 Ich .... das Essen. (*machen*)
2 Steffi .... Tennis. (*spielen*)
3 Die Kinder .... den Hund. (*rufen*)
4 .... du Deutsch ? (*lernen*)
5 Wir .... eine Kassette. (*suchen*)
6 „Frau Schubert, ... Sie die Zeitung ?" (*kaufen*)
7 Der Hund .... Bello. (*heißen*)
8 Er .... zu Hause. (*bleiben*)
9 Ihr .... gut. (*singen*)
10 .... du mit ins Kino ? (*kommen*)

indice *Ces verbes sont des verbes faibles (réguliers). Ils forment le présent à partir du radical + les terminaisons spécifiques à chaque personne.*

3 Verbes forts en « a ». Complète.

1 Sven .... nach Bonn. (*fahren*)
2 Wir .... nicht bis 11 Uhr. (*schlafen*)
3 Nadja .... eine schöne Bluse. (*tragen*)
4 Heute .... viel Schnee. (*fallen*)
5 .... ihr .... ? (*anfangen*)
6 Das Grillfest .... den Kindern. (*gefallen*)
7 Das Kind .... schon gut. (*laufen*)
8 Er .... mich nicht in Ruhe. (*lassen*)
9 Herr und Frau Vogeler ....
uns .... (*einladen*)
10 Mutti .... einen guten Kuchen. (*backen*)

4 Verbes forts en « e ». Complète.

1 Herr Schweiger .... den Hund
.... (*mitnehmen*)
2 .... du mir Geld ? (*geben*)
3 Tobias .... ein Eis. (*essen*)
4 Heute .... wir einen Roman. (*lesen*)
5 Arne .... sich einen Film .... (*ansehen*)
6 Christine .... mir nicht. (*helfen*)
7 Alexander .... Deutsch und Französisch. (*sprechen*)
8 Carina .... dem Hund einen Ball. (*werfen*)
9 Es .... kalt. (*werden*)
10 Der Hund .... im Garten. (*fressen*)

indice *Quelle modification subissent les verbes forts en -a- et en -e- au présent ? Cette modification apparaît-elle à toutes les personnes ?*

5 Mets le verbe entre parenthèses à la forme voulue.

1 Arnold .... eine Party. (*geben*)
2 .... du schon ? (*schlafen*)
3 Ich .... es nicht. (*wissen*)
4 Du .... zu viel. (*essen*)
5 Martina .... immer Jeans. (*tragen*)

6 Er .... immer alles. (*vergessen*)
7 Der Tiger .... eine Gazelle. (*fressen*)
8 .... ihr, wo er wohnt. (*wissen*)
9 Was, ihr .... schon wieder fern ! (*sehen*)
10 Du .... mir nie. (*helfen*)

6 Complète.

1 Die Katze .... draußen. (*warten*)
2 Jetzt .... er nicht. (*antworten*)
3 .... du deinen Blouson ? (*finden*)
4 Herr Schwarz .... bei Opel. (*arbeiten*)
5 Isabel .... eine Blume. (*zeichnen* : dessiner)

7 Comment dirais-tu ?

1 Nadine et Patricia, vous attendez dehors !
2 Max ne trouve pas son livre.
3 Sais-tu où travaille Sven ?
4 L'architecte (*der Architekt*) dessine une maison.
5 Je ne trouve pas mon cahier d'allemand.

indice *Les verbes dont le radical se termine par* **-d**, **-t** *ou* **-n** *intercalent un .... aux 2*ᵉ *et 3*ᵉ *personnes du singulier et à la .... personne du pluriel.*

8 Verbes réfléchis. Complète.

1 Ich freue ....
2 Tom setzt ....
3 Wir waschen ....
4 Er legt .... auf das Sofa.
5 Die Kinder freuen .... auf die Ferien.
6 Nun müsst ihr .... beeilen.
7 Drei Schüler streiten ....
8 Du kannst .... setzen.
9 Die Frau wendet .... an die Verkäuferin.
10 Markus versteckt .... hinter den Baum.

Les auxiliaires *haben, sein, werden*

haben	sein	werden
ich habe du **hast** er, sie, es **hat** wir haben ihr habt sie, Sie haben	ich bin du bist er, sie, es ist wir sind ihr **seid** sie, Sie sind	ich werde du **wirst** er, sie, es **wird** wir werden ihr werdet sie, Sie werden

Remarques :

- ***haben*** perd son ***b*** aux 2e et 3e personnes du singulier.
- ***sein*** a une conjugaison très irrégulière ; il faut l'apprendre par cœur.
- ***werden*** perd son ***d*** à la 2e personne du singulier.

Les verbes faibles

radical verbal (infinitif sans **-en**) + **-e**, **-st**, **-t**, **-en**, **-t**, **-en**

mach en					
ich	mach	e	wir	mach	en
du	mach	st	ihr	mach	t
er, sie, es	mach	t	sie, Sie	mach	en

Les verbes dont le radical se termine par **d** (*find en*) ou **t** (*wart en*) intercalent un **-e-** entre le radical et les terminaisons **-st** et **-t** :
*du find**e**st, er find**e**t, ihr find**e**t du wart**e**st, er wart**e**t, ihr wart**e**t*

Les verbes forts en -a- et en -e-.

La voyelle change aux 2e et 3e personnes du singulier : **a > ä ; e > i ou ie** :

geben *ich gebe, du gi**bst**, er gi**bt***
schlafen *ich schlafe, du schl**ä**fst, er schl**ä**ft*

Les verbes réfléchis

(Voir conjugaison de *sich freuen* p. 59)

Les verbes de modalité et le verbe *wissen*

Les 1re et 3e personnes du singulier n'ont pas de terminaison au présent de l'indicatif (Voir conjugaison de *wissen* p. 33).
Können : *ich kann ; du kannst ; er, sie, es kann ; wir können ; ihr könnt ; sie, Sie, können.*

6 L'impératif

1 Donne un ordre à un(e) ami(e) à partir des infinitifs suivants.

1 kommen **2** gehen **3** schlafen **4** bringen **5** trinken
6 schauen **7** spielen **8** hören **9** lernen **10** springen

2 Reprends les infinitifs ci-dessus pour donner un ordre à deux ou plusieurs ami(e)s.

3 À partir des infinitifs de l'exercice 1, donne des ordres à une personne ou plusieurs personnes que tu vouvoies.

4 Mets le verbe indiqué dans la parenthèse à l'impératif.

1 Katja, ... bitte ! (*kommen*)
2 Frau Schön, ... Platz ! (*nehmen*)
3 .... mal, Florian ! (*schauen*)
4 Thomas, Ingrid, ... den Tisch ! (*decken*)
5 Herr Laszlo, ... rein ! (*kommen*)
6 Agnes, ... bitte den Hund mit ! (*nehmen*)
7 Michael, Bernd, ... den Ball ! (*bringen*)
8 Kinder, ... bitte Brot ! (*holen*)
9 Steffi, ... mir die Butter ! (*geben*)
10 .... bitte den Brief, Fräulein Kelly ! (*schreiben*)

5 Mets le verbe à l'impératif.

1 Christof, ... bitte ! (*kommen*)
2 Nadine, Martina, ... mir 2 Kilo Kartoffeln ! (*kaufen*)
3 Bitte Oliver, ... mir ! (*helfen*)
4 .... den Hund mit, Katrin ! (*nehmen*)
5 Frau Handke, ... Sie morgen bitte ! (*kommen*)
6 Vati, ... mir 5 Euro bitte ! (*geben*)
7 Kinder, ... die Tür zu ! (*machen*)
8 Erik, ... mir ein Glas Bier bitte ! (*bringen*)
9 Herr Petzold, ... Sie Platz ! (*nehmen*)
10 .... Sie mir bitte das Foto, Frau Schwaiger ! (*holen*)

On utilise l'impératif pour donner un ordre.
Mach schnell ! ***Dépêche-toi !***

Il est formé sur le radical de l'infinitif et a trois personnes :

gehen

2e pers. sing. → ***Geh !*** Va !
(on s'adresse à une personne tutoyée)

2e pers. plur. → ***Geht !*** Allez !
(on s'adresse à plusieurs personnes tutoyées)

3e pers. plur. → ***Gehen Sie*** Allez !
(on s'adresse à une ou à plusieurs personnes vouvoyées)

Remarques :

• Les verbes faibles intercalant un ***e*** au présent de l'indicatif ajoutent un ***e*** à la 2e personne du singulier de l'impératif :

*Arbeit**e** !* Travaille !
*Antwort**e** !* Réponds !

• Les verbes forts en ***e*** (sauf *gehen*) prennent un ***i*** ou ***ie*** à la 2e personne du singulier de l'impératif :

Nimm ! Prends ! ***Lies !*** Lis ! ***Sprich !*** Parle !

Impératif de *sein* :

Sei ! Seid ! Seien Sie !

Autres façons d'exprimer un ordre :

• avec l'infinitif

*Nicht **hinauslehnen** !* Ne pas se pencher au dehors !

• avec le participe II

*Rauchen **verboten**.* Défense de fumer.

• avec une particule

***Herein** !* Entrez !

7 Les verbes de modalité

1 Complète par le pronom qui convient (il peut y avoir deux possibilités).

1 .... kann
2 .... darfst
3 .... wollt
4 .... müsst
5 .... mag
6 .... möchte
7 .... soll
8 .... wollen
9 .... muss
10 .... kannst

2 Complète par le verbe indiqué entre parenthèses.

1 Oma .... nicht kommen. (*können*)
2 .... du in die Disco gehen ? (*dürfen*)
3 Wir .... jetzt nach Hause. (*müssen*)
4 Ihr .... eine Klassenarbeit schreiben. (*sollen*)
5 .... Sie eine Tasse Tee, Frau Kirchner ? (*wollen*)
6 Ursula .... keinen Kuchen. (*mögen*)
7 Ich .... nicht lange bleiben. (*dürfen*)
8 Jens .... nach London fahren. (*wollen*)
9 .... du den Englischlehrer ? (*mögen*)
10 Hier .... man nicht rauchen. (*dürfen*)

3 Mets le verbe *wissen* à la forme voulue.

1 Wo ist die Katze ? Ich .... es nicht.
2 Du .... doch, dass Petra krank ist.
3 Wir ...., dass das Fernsehen doof macht.
4 .... ihr, wo er wohnt ?
5 Das .... wir noch nicht.
6 Das .... doch jedes Kind !
7 Wer .... , wo er wohnt !
8 Kerstin .... nicht, was sie machen soll.
9 Das musst du doch .... !
10 Wir .... nur, dass wir nichts ....

4 Complète...

a) par *können* ou *dürfen*.

1 Im Auto .... ich nicht schlafen.
2 Heute ist Samstag, Tobias .... bis 22. 00 Uhr fernsehen.
3 Vati, ... ich dein T-Shirt nehmen ?
4 Du .... mich heute abend anrufen.
5 Christian ist 4 Jahre alt und er .... schon schwimmen.

b) par *müssen* ou *sollen*.

6 Mein Rad ist kaputt, ich .... es reparieren.
7 Der Lehrer sagt, ich .... den Text nochmal lesen.
8 Bei Rot .... die Autos halten.
9 Mutti, ... ich den Tisch decken ?
10 Der Bus ist nicht da, ich .... noch warten.

indice *Quelle est la différence de sens entre* können *et* dürfen *?*
Et entre müssen *et* sollen *?*

5 Introduis le verbe indiqué dans la parenthèse.

1 Ich komme nicht. (*können*)
2 Agnes bäckt einen Kuchen. (*wollen*)
3 Gehst du auf die Party ? (*dürfen*)
4 Du wäschst dir die Hände. (*müssen*)
5 Der Hund geht nicht in den Tennisclub. (*dürfen*)
6 Mache ich das Fenster auf ? (*sollen*)
7 Er geht nicht früh ins Bett. (*mögen*)
8 Ich lade Jürgen ein. (*wollen*)
9 Sie fährt mit dem Bus. (*müssen*)
10 Er zieht einen Pullover an. (*wollen*)

6 Complète par *müssen*, *dürfen* ou *sollen* selon le sens.

1 Mama, ... ich zu Bettina gehen ? Nein, du bist nicht fertig.
2 Die Kinder .... in die Schule gehen.
3 Es ist kein Brot mehr da. Ich .... noch schnell zum Bäcker.
4 Vati, ... ich dir Bier holen ? Ja, ich habe Durst.
5 Heinz ist krank. Wir .... den Arzt rufen.

6 Frau Bichsel, ... ich die Mathe-Aufgabe machen ?
Ja, schnell !
7 Arnold .... nicht draußen spielen, es ist zu spät.
8 Es ist kalt, ich .... einen Pullover anziehen.
9 Mama, ... ich Samstag ins Kino gehen ?
10 Peter, die Waschmaschine ist kaputt, wir .... eine neue kaufen.

7 Complète par l'un des six auxiliaires de mode.

1 Birgit ist krank. Sie .... im Bett bleiben.
2 Ich .... den Film nicht sehen. Ich bin zu jung.
3 Jan ist 4 Jahre alt und er .... schon lesen.
4 Mutti, ... ich den Tisch decken ? Ja, bitte !
5 .... Sie noch eine Tasse Kaffee ?
6 Frau Spitz, ich .... ein Kilo Orangen, bitte !
7 Alle Schüler .... den Lehrer, er ist sehr nett.
8 Ich habe jetzt keine Zeit, ich .... ins Büro.
9 Opa .... klassische Musik.
10 Kinder .... keinen Alkohol trinken.

8 Comment dirais-tu que...

1 ... tu as la permission de regarder la télévision ?
2 ... tu aimes la limonade ?
3 ... tu dois aller chercher du pain (on te l'a demandé) ?
4 ... l'enfant sait écrire ?
5 ... qu'il faut que tu ailles à l'école ?
6 ... tu aimerais une glace ?
7 ... tu n'as pas le droit d'aller au cinéma ?
8 ... tu es malade et qu'il faut que tu restes au lit ?
9 ... ton grand-père veut acheter une voiture ?
10 ... tu aimerais manger des frites ?

Les verbes de modalité

• Les 1re et 3e personnes du singulier n'ont pas de terminaison au présent de l'indicatif (voir p. 27) ;

• ces verbes ont souvent un **infinitif** comme complément, qui n'est jamais précédé de ***zu***.

• **KÖNNEN** = pouvoir ; savoir (par apprentissage) :
*Er **kann** Tennis spielen.* Il sait jouer au tennis.

• **DÜRFEN** = pouvoir, dans le sens d'« avoir la permission » :
***Darf** ich ins Kino gehen ?*
Puis-je aller au cinéma ?
Nicht dürfen exprime l'interdiction.

• **MÜSSEN** = devoir dans le sens d'obligation, de nécessité (il faut que) :
*In der Stadt **muss** man langsam fahren.*
En ville, on doit conduire lentement.

• **SOLLEN** = devoir dans le sens d'obligation imposée par quelqu'un :
*Mutti, was **soll** ich tun ? – Du **sollst** Brot holen.*
Maman, qu'est-ce que je dois faire ?
– Tu dois acheter du pain.

• **WOLLEN** exprime la volonté :
*Ich **will** nach Hause (gehen).*
Je veux rentrer.

• **MÖGEN** a le sens de « bien aimer quelque chose ou quelqu'un ». Il est souvent employé au sens conditionnel (***ich möchte***).

*Er **mag** Katzen.* Il aime bien les chats.

*Ich **möchte** ein Eis essen.* Je voudrais une glace.

Wissen

WISSEN a le sens de « savoir » (parce qu'on a été informé) :
*Ich **weiß**, daß sie krank ist.* Je sais qu'elle est malade.

ich weiß,	*wir wissen,*
du weißt,	*ihr wisst,*
er weiß,	*sie wissen.*

8 Le prétérit

1 Mets au prétérit.

1 Thomas ist müde.
2 Sie hat Fieber.
3 Das Wetter wird kalt.
4 Sind Sie zu Hause ?
5 Wo bist du denn ?
6 Seid ihr in Hamburg ?
7 Katja wird ganz rot.
8 Du hast doch die Telefonnummer.
9 Ich habe keine Zeit.
10 Die Polizei ist schon da.

2 Complète par les verbes donnés.

***a)** waren – wurde – war – wart – hatte*

1 Es .... einmal ein kleines Mädchen.
2 Gestern .... Jens Geburtstag.
3 Mozart .... schnell ein phantastischer Pianist.
4 .... ihr im Juli in Berlin ?
5 Meine Eltern .... gestern im Kino.

***b)** waren – hattet – wurde – warst – war*

6 Im September .... es sehr kalt.
7 Der Himmel .... schnell ganz dunkel.
8 Ihr .... doch Geld !
9 .... du gestern auch krank ?
10 Die Kinder .... zu laut.

3 Mets au prétérit.

1 Ich spiele Handball.
2 Kerstin macht das Essen.
3 Jens hört Musik.
4 Die Kinder kaufen ein Eis.
5 Wir fotografieren das Rathaus.
6 Sie zeigt mir die Stadt.
7 Wohnt ihr in München ?
8 Was reparierst du ?
9 1989 öffnet man die Mauer.
10 Herr Sold raucht zu viel.

indice *La 1re personne et la 3e personne du singulier sont identiques.*

4 Mets au prétérit.

1 Ich muss zurückgehen.
2 Er darf nicht rauchen.
3 Herr Wagner kann nicht kommen.
4 Wir sollen immer schön schreiben.
5 Er mag keinen Fisch.
6 Der Autofahrer will zurückfahren.
7 Müsst ihr umsteigen ?
8 Soll ich alles erzählen ?
9 Mit vier Jahren kann er schon lesen.
10 Wollt ihr eine Cola ?

indice *Les verbes de modalité se conjuguent au prétérit comme les verbes faibles, mais ils perdent leur Umlaut.*

5 Même exercice.

1 Er kommt zu früh.
2 Wir gehen ins Kino.
3 Sie steht um 7.00 Uhr auf.
4 Er schreibt Texte und Melodien.
5 Sie fliegt nach Tokio.
6 Ich weiß es nicht.
7 Sie singt in einem Mädchenband.
8 Was bekommt sie zum Geburtstag ?
9 Sie schläft gegen 22.00 Uhr ein.
10 Er sitzt den ganzen Tag am Computer.

indice *Au prétérit, les verbes forts n'ont pas de terminaison aux 1re et 3e personnes du singulier.*

6 Même exercice.

1 Er tritt langsam ins Zimmer.
2 Die Schüler schweigen jedesmal, wenn der Lehrer leise spricht.
3 Was tut er ?
4 Im Juli ziehen wir nach München.
5 Die Uhr schlägt zwölf.
6 Max verliert immer viel Zeit.
7 Ich gehe jeden Tag mit meinem Hund spazieren.
8 Wann fängst du mit dem Artikel an ?
9 Das Kind erschrickt vor dem Hund.
10 Das Baby kriecht auf allen vieren.
11 Der Dieb greift schnell nach der Halskette.

7 Raye la réponse fausse.

1 Er *lag/legte* ruhig im Bett.
2 Sie *setzten/saßen* um das Feuer.
3 Das Kind *hängte/hing* das Poster an die Wand.
4 Eine Flasche Kognak *stand/stellte* auf dem Tisch.
5 Sie *legte/lag* alles auf den Tisch.
6 Wir *setzten/saßen* uns oft auf die Caféterrasse.
7 Ein leichter Nebel *hing/hängte* über dem Berg.
8 Sie *setzte/saß* ruhig vor dem Bildschirm.
9 Er *stellte/stand* sich vor den Spiegel.
10 Die Stadt *legte/lag* damals am Meer.

8 Mets au prétérit.

1 Er liest gern Krimis.
2 Er läßt seinen Hund draußen.
3 Max denkt nur ans Essen.
4 Er dankt ihm für das schöne Geschenk.
5 Wir fahren schnell nach Hause.
6 Sie führt uns bis zur Altstadt.
7 Ich kann nicht kommen.
8 Wir kennen seine Adresse nicht.
9 Er bittet mich um Feuer.
10 Der Supermarkt bietet eine reiche Auswahl.

indice *Attention aux verbes qui se ressemblent !*
Retrouve les infinitifs et apprends-les par cœur.

9 Mets le texte suivant au prétérit.

Eines Tages *kommt* eine kleine, hübsche Person ins Dorf. Sie *trägt* eine weiße Bluse und einen roten Rock. Mit beiden Händen *schleppt* sie Taschen und Koffer, und auf dem Rücken *hat* sie einen Rucksack. Weil sie so nett und hübsch *aussieht*, *erlauben* ihr die Dorfbewohner, in ein kleines Haus am Dorfrand zu ziehen. Sie *räumt* zuerst ihre Sachen ein, dann *sieht* sie sich um. Sie *lächelt* die Leute an, *streichelt* den Hund, *hilft* überall und *streicht* den Kindern übers Haar. Das Mädchen *fühlt* sich glücklich. Sie *richtet* ihr kleines Haus ein, *hängt* weiße Gardinen auf, *stellt* Blumen in eine Vase, *nagelt* schöne Bilder an die Wände. Sie *isst* ein kleines Butterbrot und *schläft* bald ein.

10 Mets au prétérit.

1 Müsst ihr zu Hause bleiben ?
2 Du fällst durch deine komische Frisur auf.
3 Sie unterhalten sich vor dem Gymnasium.
4 Er bittet mich um Hilfe.
5 Dieser kranke Mann tut mir leid.
6 Plötzlich reißt er sich los. (*sich losreißen* : se dégager)
7 Der Junge spaziert einfach hin und her.
8 Was sie redet, verstehe ich nicht.
9 Kennt ihr seinen Namen ?
10 Er entschließt sich wegzugehen.

11 Complète par un des verbes de la liste, au prétérit.

klingen – einladen – schieben – geschehen – auflegen

1 Seine Freundin .... ihn voriges Jahr nach Rom ....
2 Nachdem sie am Telefon lange gesprochen hatte, ... sie schnell ....
3 Ein Mann .... Holz in das Feuer.
4 „Hände hoch !" .... es aus dem Dunkel.
5 Es .... jeden Tag um diese Zeit.

12 Commence chacune des phrases suivantes par *früher* (autrefois).

1 Es ist viel schöner.
2 Es gibt keinen Stress.
3 Das Wasser ist nicht verschmutzt.
4 Die Leute haben Zeit.
5 Man kann leicht ein Ferienjob finden.
6 Die Leute haben ihre Ruhe.
7 Nach dem Abendessen unterhalten sich Eltern und Kinder zusammen.
8 Die Frauen führen ein häusliches Leben.
9 Man verdient Geld genug.
10 Geld ist nicht so wichtig.

13 Relie les débuts (1 à 5) et les fins de ces phrases.

1 Er legte sich ins Bett,
2 Bettina war traurig,
3 Das Foto war nicht super,
4 Wir waren im November,
5 Wenn die Kinder ins Bett gingen,

a denn Anne hatte einen alten Fotoapparat.
b und es wurde schnell kalt.
c erzählte ihnen die Mutter eine Gute-Nacht-Geschichte.
d weil ihre Freundin nicht da war.
e und schlief bald ein.

Le prétérit correspond au passé simple ou à l'imparfait en français.

➔ ***Pour tous les verbes, la 1re et la 3e personne du singulier sont identiques.***

Verbes faibles

On ajoute au radical les terminaisons :
-te, -test, -te, -ten, -tet, -ten.

mach en
ich mach ***te***
du mach ***test***
er, sie, es mach ***te***
wir mach ***ten***
ihr mach ***tet***
sie, Sie mach ***ten***

➔ Les verbes dont le radical se termine par ***-d***, ***-t***, ***-gn***, ou ***-chn*** intercalent un **e** avant la terminaison.

*re**d** en → er red-**e-te***
*re**gn** en → es regn-**e-te***
*antwor**t** en → er antwort-**e-te***
*re**chn** en → er rechn-**e-te***

Verbes de modalité

Ils ont les mêmes terminaisons que les verbes faibles.
Attention : ils perdent l'inflexion (le Umlaut).

*können → er k**o**nnt**e***
*sollen → er s**o**ll**te***
*wollen → er woll**te***
*dürfen → er d**u**rft**e***
*müssen → er m**u**ßt**e***
*mögen → er m**o**cht**e***

Les auxiliaires

haben	sein	werden
ich hatte du hattest er, sie, es hatte wir hatten ihr hattet sie, Sie hatten	ich war du warst er, sie, es war wir waren ihr wart sie, Sie waren	ich wurde du wurdest er, sie, es wurde wir wurden ihr wurdet sie, Sie wurden

Verbes forts

Le prétérit est caractérisé par le changement du radical et l'absence de terminaison aux 1re et 3e personnes du singulier.
Il faut apprendre ces prétérits par cœur.

gehen
ich ging □
*du ging **st***
er, sie, es ging □
*wir ging **en***
*ihr ging **t***
*sie, Sie ging **en***

kommen
ich kam □
*du kam **st***
er, sie, es kam □
*wir kam **en***
*ihr kam **t***
*sie, Sie kam **en***

Verbes faibles irréguliers et verbe *wissen*

Ces verbes changent la voyelle du radical et prennent les terminaisons des verbes faibles.

*brennen : ich br**a**nn **te** – er br**a**nn**te***
*denken : ich d**a**ch te – er d**a**ch**te***
*wissen : ich w**u**ss **te** – er w**u**ss**te***

9 Le parfait (1)

1 Forme le participe II des verbes faibles suivants.

1 lernen
2 machen
3 kaufen
4 zeigen
5 sagen
6 antworten
7 hören
8 lachen
9 spielen
10 arbeiten

indice *Les verbes faibles sont les verbes réguliers. Comment forment-ils le participe II (participe passé) ?*

2 Complète par le participe II du verbe indiqué.

1 (*machen*) Sabine hat das Essen ....
2 (*decken*) Margot hat den Tisch ....
3 (*zeigen*) Sie hat mir das Foto ....
4 (*sagen*) Er hat mir nichts ....
5 (*fragen*) Hast du den Lehrer .... ?
6 (*wohnen*) Jens hat in Frankreich ....
7 (*arbeiten*) Sein Vater hat bei BMW ....
8 (*lernen*) Habt ihr die Lektion .... ?
9 (*spielen*) Steffi hat gut ....
10 (*antworten*) Ich habe schon ....

3 Complète par la forme voulue de *haben* (1 à 5) ou de *sein* (6 à 10).

1 Christine .... ein T-Shirt gekauft.
2 Arnold und Jens .... gut geantwortet.
3 Silvia .... viel gelacht.
4 Wir .... eine Fete gemacht.
5 .... ihr den Tisch gedeckt ?
6 Wir .... ins Kino gegangen.
7 Tobias und Steffi .... nach Berlin gefahren.

8 Ich .... zu Hause geblieben.
9 Das Kind .... rot geworden.
10 .... Sie schnell gelaufen ?

4 Quel est le participe II des verbes forts suivants ?

1 kommen	6 sprechen	11 bleiben	16 fallen
2 gehen	7 springen	12 essen	17 fahren
3 sehen	8 finden	13 tragen	18 sein
4 nehmen	9 geben	14 singen	19 fliegen
5 helfen	10 lesen	15 schreiben	20 werden

5 Complète par le participe II qui convient.

***a)** gewesen – gefrühstückt – gegangen – geblieben – gespielt*

1 Gestern ist Gregor in die Disco ....
2 Der Lehrer hat mit Max Fußball ....
3 Um 8.00 Uhr haben wir ....
4 Er war krank und ist den ganzen Tag zu Hause ....
5 Samstagabend sind wir im Theater ....

***b)** gegessen – gekommen – gemacht – gefeiert – geworden*

1 Gestern haben wir die Einkäufe ....
2 Was ist aus meinem Deutschbuch .... ?
Ich finde es nicht mehr.
3 Sie glaubt, dass Moritz alle Kekse .... hat.
4 Um 12 Uhr ist Otto nach Hause ....
5 Wir haben Annas Geburtstag ....

6 Quel est le participe II des verbes faibles et forts suivants ?

1 stellen	6 fahren	11 starten	16 antworten
2 rufen	7 lachen	12 kaufen	17 rechnen
3 liegen	8 warten	13 meinen	18 sitzen
4 leben	9 wissen	14 halten	19 üben
5 werden	10 glauben	15 schreiben	20 laufen

indice *Le participe II des verbes faibles se termine par : ...*
Le participe II des verbes forts se termine par : ...

7 *Haben* ou *sein* ? Mets les phrases suivantes au parfait.

1 Gegen 12 Uhr gehen wir in ein Café.
2 Wir essen im Stadtzentrum zu Mittag.
3 Diese Stadt gefällt mir sehr.
4 Der Himmel wird grau.
5 Ich weiß es nicht.
6 Dann wendet sie sich an eine Verkäuferin.
7 Viele fliehen in den Westen.
8 Wie oft fährst du nach Deutschland ?
9 Jens läuft 2 Kilometer weit.
10 Er steht eine Stunde vor der Tür.

indice *Quand utilise-t-on l'auxiliaire* sein *?*

8 Mets au parfait (attention aux confusions).

1 Patrizia denkt oft an die Ferien.
2 Dankst du ihm für seinen Brief ?
3 Er lässt seinen Hund draußen im Garten.
4 Im Deutschunterricht lesen wir einen Krimi.
5 Nach dem Essen wäscht er sich die Hände.
6 In der Sonne wachsen die Pflanzen schneller.
7 Das bricht mir das Herz.
8 Wer bringt die Teller in die Küche ?
9 Die Sekretärin legt die Briefe auf den Tisch.
10 Sie liegt bis Mittag im Bett.

9 Même exercice.

1 Es gelingt ihm, sein Rad zu reparieren.
2 Sie begegnet oft ihrem Mathelehrer an der Haltestelle.
3 Er reitet jeden Tag zwei Stunden.
4 Die Mutter weckt ihn früh.
5 Das Auto landet im Straßengraben.
6 Im Winter gleiten die Kinder auf dem Eis.
7 Er schweigt über das Telegramm.
8 Der Vater brät einen leckeren Braten.
9 Der Plan scheitert bestimmt.
10 Der Wanderer stößt mit dem Fuß gegen einen Baumwurzel.

Le parfait correspond en général au passé composé français. Il exprime une action achevée.

Formation : auxiliaire ***haben*** ou ***sein*** + participe passé appelé participe II.

*Ich **habe** das Foto **gemacht**.* J'ai pris la photo.

Choix de l'auxiliaire

On emploie ***sein*** pour :

• les verbes	***bleiben***	*Er **ist** hier **geblieben**.*
	sein	*Ich **bin** im Kino **gewesen**.*
	werden	*Es **ist** kalt **geworden**.*

• les verbes intransitifs (qui ne peuvent pas avoir de COD) exprimant un mouvement ou un changement d'état :

gehen → *Er **ist** nach Hause **gegangen**.* Il est rentré.
aufwachen → *Er **ist aufgewacht**.* Il s'est réveillé.

Tous les autres verbes se conjuguent avec ***haben***.

Formation du participe II (participe passé)

• Pour les verbes faibles (réguliers)

ge + radical + ***t***
machen → ***gemacht*** *Er hat die Arbeit **gemacht**.*

➲ Remarque : pour les verbes dont le radical se termine par ***-t***, ***-d***, ***chn***..., on intercale ***e*** entre le radical et le ***t***.

arbeiten → ***gearbeitet*** *Er hat gut **gearbeitet**.*

• Pour les verbes forts (irréguliers)

ge + radical verbal parfois variable + ***en***

gehen	***gegangen***	*Er ist in die Schule **gegangen**.*
schlafen	***geschlafen***	*Ich habe gut **geschlafen**.*

➲ Il faut apprendre ces verbes par cœur.

Place du participe II

• À la fin de la proposition indépendante ou principale.
*Sie ist heute nicht **gekommen**.*

• Avant l'auxiliaire dans la subordonnée.
*Sie sagt, dass sie heute nicht **gekommen ist**.*

10 Le parfait (2)

1 Quel est le participe II des verbes suivants ?

1 ankommen	**6** auflegen	**11** mitsingen	**16** zurückzahlen
2 eintreten	**7** aufräumen	**12** ablegen	**17** vorwerfen
3 einladen	**8** wegfahren	**13** ausgehen	**18** abdecken
4 nachsehen	**9** aufpassen	**14** vorschlagen	**19** auftragen
5 abfahren	**10** vorlesen	**15** mitkriegen	**20** abfallen

2 Mets les phrases suivantes au parfait.

1 Du passt nicht auf.
2 Sie holt Andreas im Theaterclub ab.
3 Das Kind hört gut zu.
4 Wir spielen nicht mit.
5 Arnold räumt sein Zimmer nicht auf.
6 Das Fußballspiel fängt um 15.00 Uhr an.
7 Der Elefant nimmt den Hut weg.
8 Onkel Hans kommt mit.
9 Um 9.00 Uhr rufe ich Oma an.
10 Wir stehen um 7.00 Uhr auf.

indice *Comment forme-t-on le participe II des verbes à particule séparable ?*

3 Réponds selon le modèle.

„Jens, bitte leg auf !" – Aber ich habe schon aufgelegt.

1 Fritzi, räum das Zimmer auf !
2 Sabine, deck den Tisch ab !
3 Florian, mach das Fenster zu !
4 Petra, zieh einen Pullover an !
5 Verena, schließ die Tür ab !
6 Franz, nimm den Hund mit !
7 Sven, steh auf !
8 Gregor, lade Richard ein !
9 Jens, lies den Text vor !
10 Christiane, schau in deinem Zimmer nach !

4 Mets au parfait.

1 Angelika telefoniert mit Petra.
2 Die Lehrerin diktiert den Text.
3 Die Zuschauer applaudieren heftig.
4 Doktor Gaertner operiert viele Verletzte.
5 Tapezieren Sie Ihre Wohnung selbst ?
6 Er rasiert sich immer schnell.
7 Sie interessiert sich für arme Kinder.
8 Er dirigiert ein berühmtes Orchester.
9 Wir zitieren den Autor.
10 Wir fotografieren das Neue Museum.

indice *Attention ! Le participe II de ces verbes se forme-t-il avec* **ge-** *?*

5 Mets au parfait.

1 Er verkauft seinen Computer.
2 Heute beginnen wir mit einer Reportage.
3 Der Gymnasiast empfängt die Besucher.
4 Das T-Shirt gefällt mir nicht.
5 Frau Huber vermietet die Wohnung nicht.
6 Leider missversteht er meine Worte.
7 Sein Vater verbietet ihm, Freunde nach Hause mitzubringen.
8 Er erzählt immer lustige Geschichten.
9 Nina verspricht ihren Eltern, besser zu arbeiten.
10 Herr Griesbach begleitet uns zum Bahnhof.

6 Transforme les phrases selon le modèle.

a) *Steffi sagt, dass sie einen schönen Pulli gekauft hat.*
→ Sie hat einen schönen Pulli gekauft.

1 Erik glaubt, dass Jan zu Freunden gegangen ist.
2 Der Lehrer meint, dass sie nicht genug gearbeitet hat.
3 Die Kinder sagen, dass sie nicht ferngesehen haben.
4 Sebastian denkt, dass Oliver krank gewesen ist.
5 Herr Holger behauptet, dass der Direktor viel Geld verdient hat.

b) Tobias hat gut gespielt.
→ Er sagt, dass Tobias gut gespielt hat.

6 Daniel hat das Foto selbst gemacht. Er sagt, dass ....
7 Ihre Eltern haben ihr Geld geschickt. Sie sagt, ...
8 Sie hat das Interview allein machen müssen.
Sie sagt, ...
9 Er hat 5 Euro Eintritt bezahlt. Er sagt, ...
10 Das Mädchen hat kein Wort verstehen können.
Es sagt, ...

7 Quel est le participe II des verbes suivants ?

1 bekommen	**6** aufstehen	**11** mitspielen	**16** abfliegen
2 mitgehen	**7** fortfliegen	**12** ankommen	**17** erfinden
3 vergehen	**8** radfahren	**13** empfinden	**18** teilnehmen
4 erzählen	**9** fernsehen	**14** zerbrechen	**19** einladen
5 abholen	**10** beenden	**15** verstehen	**20** anfragen

indice *Il y a, parmi ces 20 verbes, des verbes à particule séparable et des verbes à particule inséparable.*

8 Remplace le prétérit par le parfait.

1 Er konnte nicht kommen.
2 Ich musste eine Stunde lang auf ihn warten.
3 Die Mutter ließ ihn bis zehn Uhr schlafen.
4 Tanja konnte nicht.
5 Ich wollte es nicht.

9 Fais précéder les phrases obtenues dans l'exercice ci-dessus de :

Philipp sagt, dass..

10 Traduis.

1 J'ai tout fait.
2 Hier soir il est allé se coucher à 10 h.
3 Anna n'a pas eu la permission de venir. (utiliser *dürfen*)
4 Il a fait réparer sa voiture la semaine dernière.
5 Le journaliste n'a pas voulu répéter sa question.

Verbes à particule séparable

ge est intercalé entre la particule et le radical.

ab*/holen* → *ab****ge****holt*
fort*/fahren* → *fort****ge****fahren*

Verbes à particule inséparable

Pas de ***ge*** au participe II.

be*ginnen* → ***be****gonnen*
er*zählen* → ***er****zählt*

Particules inséparables : *be-, emp-, ent-, er-, ge- miss-, ver-, zer-*

➲ ATTENTION !

Certaines particules sont tantôt séparables, tantôt inséparables :

unter *nehmen* → *Er hat eine Reise* ***unternommen****.*
unter*/gehen* → *Die Sonne ist* ***untergegangen****.*

Verbes se terminant par *-ieren*

Pas de ***ge*** au participe II.

*fotograf****ieren*** → *fotografiert*
*telefon****ieren*** → *telefoniert*

Verbes de modalité et verbe *lassen*

Le participe peut avoir deux formes :

– forme faible

Ich kann nicht. → *Ich habe nicht* ***gekonnt***
Ich lasse ihn nicht. → *Ich habe ihn nicht* ***gelassen****.*

– forme infinitive quand il suit un infinitif : règle du double infinitif

Ich kann nicht kommen. → *Ich habe nicht* ***kommen können****.*
Ich lasse ihn gehen. → *Ich habe ihn* ***gehen lassen****.*

➲ Le double infinitif dans la subordonnée : l'auxiliaire est placé avant. *Er sagt, dass er nicht* ***hat*** *kommen können.*

11 Le futur / Le plus-que-parfait

1 Mets au futur.

1 Ich kaufe einen Wagen.
2 Er arbeitet bald bei Volkswagen.
3 Sie fährt nach Bonn.
4 Wir verkaufen unser Haus.
5 Du verstehst alles.
6 Ich bin am Montag wieder zurück.
7 Sie holen Petra ab.
8 Bekommst du bald einen Walkman ?
9 Nächstes Jahr studiert er in München.
10 Ich besuche im Juli eine Theaterschule.

indice *Dans l'indépendante, l'infinitif est à la fin.*

2 Réponds par l'affirmative au futur.

1 Wann kaufst du einen Computer ? Nächste Woche ?
– Ja, ich ....
2 Wann rufst du Sonia an ? Heute Abend ? – Ja, ich ....
3 Wann fliegst du nach Italien ? Im August ? – Ja, ich ....
4 Wann machen sie einen Ausflug ? Nächsten Sonntag ?
– Ja, sie ....
5 Wann sind wir in Stuttgart ? Um 6 Uhr ? – Ja, wir ....

3 Complète en rapportant la question.

1 Was wird er später machen ? Ich weiß nicht, was er ....
2 Wo wird er wohnen ? Ich weiß nicht, wo ....
3 Wann wird er in Köln arbeiten ? ....
4 Was wird sie kaufen ? ....
5 Bei wem werden sie übernachten ? ....

4 Mets au plus-que-parfait.

1 Ich bin krank gewesen.
2 Sie hat Angst gehabt.
3 Er ist groß geworden.
4 Sandra hat alles gemacht.

5 Wir sind ins Kino gegangen.
6 Ich habe eine 2 bekommen.
7 Es hat geregnet.
8 Sie hat zwei Mädchen großgezogen.
9 Seid ihr nach Berlin gefahren ?
10 Ich habe es nicht gewusst.

5 Mets le verbe entre parenthèses au plus-que-parfait.

1 Nachdem er *(zahlen)* ...., ging er nach Hause.
2 Als er *(verschwinden)* ...., weinten seine Eltern viel.
3 Nachdem sie Abitur *(machen)* ...., studierte sie Biologie.
4 Solange der Vater bei Siemens *(arbeiten)* .... ; *(machen)* .... sie sich keine Sorgen ....
5 Es *(schneien)* ...., die Häuser waren ganz weiß.

Le futur

Formation : ***werden*** (présent) + infinitif

*ich **werde kommen***	*wir **werden kommen***
*du **wirst kommen***	*ihr **werdet kommen***
*er, sie, es **wird kommen***	*sie, Sie **werden kommen***

*Er **wird** in Berlin arbeiten.* Il **travaillera** à Berlin.

➔ Lorsqu'il y a un complément de temps qui exprime le futur, on peut utiliser le verbe au présent :

*Morgen **gehen** wir ins Kino.* Demain nous **allons** au cinéma.

Le plus-que-parfait

Formation : prétérit de ***haben*** ou ***sein*** + participe passé

*ich **hatte gearbeitet***	*ich **war gekommen***
*du **hattest gearbeitet***	*du **warst gekommen***
*er, sie, es **hatte gearbeitet***	*er, sie, es **war gekommen***

Le plus-que-parfait décrit un événement qui s'est produit avant un autre dans le passé.

*Es **hatte geregnet**, die Straße war naß.*
Il avait plu, la rue était mouillée.

12 Le nominatif : déterminants et pronoms

1 Complète par l'article défini.

1 ... Mutter heißt Helga.
2 ... Vater heißt Rainer.
3 ... Mädchen heißt Agnes.
4 ... Bruder heißt Tobias.
5 ... Schwester heißt Sabine.
6 ... Oma heißt Marlene.
7 ... Opa heißt Karl.
8 ... Hund heißt Karo.
9 ... Katze heißt Mieze.
10 ... Hamster heißt Mecki.

indice *La marque du masculin est* **r**, *celle du féminin est..., celle du neutre est...*

2 Fais précéder chacun des noms communs de son article défini.

1 ... Bild 2 ... Eis 3 ... Ball 4 ... Brot 5 ... Küche
6 ... Uhr 7 ... Haus 8 ... Familie 9 ... Zimmer 10 ... Lampe.

3 Fais précéder les noms de l'exercice 2 de l'article indéfini.

4 Classe les noms ci-dessus par genre.

5 Mets les phrases suivantes au pluriel.

1 Das Foto ist super.
2 Das Mädchen ist nett.
3 Die Uhr ist billig.
4 Die Dame ist elegant.
5 Der Videorecorder ist teuer.
6 Das Kind ist krank.
7 Die Aufgabe ist schwer.
8 Das Computerspiel ist super.
9 Der Lehrer ist nett.
10 Das Auto macht Lärm.

indice *Attention ! Il faut apprendre les noms avec leur pluriel. Beaucoup de noms féminins font leur pluriel en* **-n** *ou* **-en**.
Beaucoup de noms masculins en **-er** *sont invariables.*

6 Même exercice.

1 Eine Waschmaschine ist praktisch.
2 Ein Mobil-Telefon ist auch praktisch.
3 Ein Wagen ist teuer.
4 Ein Kind ist gescheit.
5 Eine Banane schmeckt gut.
6 Ein Arbeiter hat nicht viel Geld.
7 Eine Blume ist schön.
8 Ein Bild von Picasso ist teuer.
9 Ein Plüschtier ist süß.
10 Ein Tierbuch ist interessant.

indice *Que devient l'article indéfini* **ein** *au pluriel ?*

7 Complète.

1 Dies... Hund heißt Wuff.
2 Dies... Kleid gefällt mir nicht.
3 Jen... Rock gefällt mir gut.
4 Dies... Kinder wohnen in Lübeck.
5 Jen... Kinder wohnen in Frankfurt.
6 Dies... Bier schmeckt gut.
7 Dies... Häuser sind sehr alt.
8 Jen... Brief kommt aus Deutschland.
9 Dies... Lektion ist schwer.
10 Jen... ist leicht.

indice *L'adjectif démonstratif prend la marque de l'article défini (***der**, **die**, **das**, **die***) :* **dieser** = *ce ... ci (masc.) ;* **jener** = *ce ... là.*

8 Complète par le pronom personnel.

1 Wo ist die Schokolade ? .... ist da.
2 Und das Brot ? .... ist hier.
3 Und die Limonade ? .... ist im Schrank.
4 Und das Eis ? .... ist auf dem Tisch.
5 Und die Milch ? .... ist da.
6 Und das Ei ? .... ist hier.
7 Und die Butter ? .... ist auf dem Tisch.

8 Und das Wasser ? .... ist hier.
9 Und der Wein ? .... ist im Schrank.
10 Und die Marmelade ? .... ist auf dem Tisch.

indice *À la 3e personne du singulier et du pluriel, le pronom personnel prend la marque de...*

9 Complète par le pronom personnel.

1 Marianne, kommst .... ?
2 .... habe Hunger.
3 Der Junge heißt Axel. .... wohnt in Köln.
4 Das Mädchen heißt Agnes. .... wohnt in Bonn.
5 Die Frau heißt Inge. .... wohnt in Hamburg.
6 Die Kinder sagen : „.............. wollen Federball spielen."
7 .... bin hungrig.
8 Möchtest .... ein Eis ?
9 Herr Schneider, gehen .... ins Kino ?
10 Anne, Lisa, kommt .... ?

Le groupe nominal sujet avec article défini

	masculin	féminin	neutre
singulier	*de[r] Mann*	*di[e] Frau*	*da[s] Mädchen*
pluriel	*di[e] Männer*	*di[e] Frauen*	*di[e] Mädchen*

L'article défini ***der***, ***die***, ***das*** et le nom forment un groupe nominal. Le groupe nominal sujet est au nominatif.

Il n'existe qu'un seul article défini au pluriel : ***die***.

➔ Prennent la marque de l'article défini : les démonstratifs *(dieser, jener...)*, les indéfinis ***jeder***, ***mancher*** au singulier et ***viele***, ***wenige***, ***alle***... au pluriel.

Le groupe nominal sujet avec article indéfini

masculin	féminin	neutre
ein[ ] Mann	ein[e] Frau	ein[ ] Mädchen

Ein ne porte pas de marque au masculin et au neutre.

Attention : il n'y a pas de pluriel correspondant à *ein* :

ein Mädchen → [ ] *Mädchen* (des filles).

➔ Prennent la marque de l'article indéfini : ***kein*** et les adjectifs possessifs. Au pluriel, ces déterminants suivent le modèle du pluriel ***die***.

Les pronoms personnels

ich	***du***	***er, sie, es***	***wir***	***ihr***	***sie, Sie***

➔ **Remarques :**

• Les pronoms de 3e personne prennent la même marque que l'article défini :

de[r] Mann → *e[r]* *di[e] Frau* → *si[e]*

di[e] Kinder → *si[e]* *da[s] Mädchen* → *e[s]*

• On utilise ***Sie*** avec une majuscule pour la forme de politesse (en français « vous »).

13 L'accusatif : déterminants et pronoms

1 Inscris N (nominatif) ou A (accusatif) sous le GN.

1 Das Foto ist klasse.
2 Wir nehmen den Bus.
3 Das Zimmer ist groß.
4 Thomas trinkt Bier.
5 Ich kaufe das T-Shirt.
6 Wir hören Musik.
7 Ich nehme den Hund mit.
8 Ein Mädchen spielt im Garten.
9 Willst du ein Ei ?
10 Kann er die Aufgabe machen ?

indice *Le nominatif est le cas du sujet. L'accusatif est le cas du COD.*

2 Complète par l'article défini.

1 Holger nimmt .... Foto.
2 Sepp holt .... Ball.
3 Ich brauche .... Heft.
4 Mutti ruft .... Hund.
5 Katrin fotografiert .... Kind.
6 Jens schreibt .... Brief.
7 Mutti will .... Lehrer fragen.
8 Nimmst du .... Tasche mit ?
9 Er interviewt .... Politikerin.
10 Gregor liest .... Schülerzeitung.

indice *L'article défini à l'accusatif est identique à l'article défini au nominatif sauf au masculin singulier, où la marque devient : ....*

3 Recopie l'exercice précédent en remplaçant l'article défini par l'article indéfini.

indice *L'article indéfini à l'accusatif n'est pas marqué au neutre.*

4 Remplace l'article défini par l'adjectif démonstratif.

1 Nimmst du den Bus ?
2 Ich kaufe das Buch.
3 Er lernt den Text.
4 Ich will die Bilder da.
5 Wir hören die Kassette.

5 Comment dirais-tu ?

1 Veux-tu ce walkman ?
2 Prends ces chaussures !
3 Je ne connais pas ce médecin.
4 Sais-tu faire ces exercices ?
5 Apporte-moi ce sac !

6 Mets au pluriel.

1 Kaufst du ein T-Shirt ?
2 Sie hat einen Freund.
3 Ich lese ein Buch.
4 Christine fotografiert ein Haus.
5 Tobias hat eine Katze.
6 Willst du eine Orange ?
7 Hat er eine Idee ?
8 Fritzi braucht ein Foto.
9 Anna holt ein Bild.
10 Frau Albrecht kauft eine Theaterkarte.

7 Préposition + accusatif. Complète par la préposition qui convient.

1 Wir fahren .... die Stadt.
2 Die Italiener spielen .... die Franzosen.
3 .... Computer kann sie nicht arbeiten.
4 Dieses Parfüm ist .... dich.
5 Sie sitzen .... das Feuer und spielen Gitarre.

8 Complète par la désinence.

1 Das Geschenk ist für d............. Direktor.
2 Die Schüler spielen heute gegen d............. Lehrer.

3 Wir spazieren durch d.............. Park.
4 Der Hund läuft um d.............. Garten herum.
5 Sie fährt in Urlaub ohne d.............. Eltern.

9 Encadre la marque de l'article défini dans la question et complète par le pronom personnel.

1 Hörst du die Musik ? Ja, ich höre ....
2 Kauft Petra den Mantel ? Ja, sie kauft ....
3 Trinkst du den Kaffee ? Nein, ich trinke .... nicht.
4 Will Mutti den Arzt rufen ? Ja, sie will .... rufen.
5 Magst du den Braten ? Nein, ich mag .... nicht.
6 Fotografierst du die Kirche ? Ja, ich fotografiere ....
7 Isst du das Ei ? Nein, ich esse .... nicht.
8 Nimmt Vati die Kinder mit ? Ja, er nimmt .... mit.
9 Will Steffi den Brief schreiben ? Nein, sie will .... nicht schreiben.
10 Willst du den Walkman ? Ja, ich will ....

indice *Le pronom personnel à la 3e personne du singulier et du pluriel prend les mêmes marques que celles de ...*

10 Complète par le pronom personnel.

1 „Vati, rufst du mich ?" – „Ja, ich rufe... ."
2 „Mami, fotografierst du mich ?" – „Ja, ich fotografiere .... gern."
3 „Oma, nimmst du uns mit ?" – „Ich nehme .... gern mit."
4 „Katrin, holst du mich ab ?" – „Nein, ich hole .... nicht ab."
5 „Verstehst du mich, Jürgen ?" – „Ja, ich verstehe ...."
6 „Brauchst du uns, Mutti ?" – „Ja, ich brauche ...."
7 „Martina, hörst du mich ?" – „Nein, ich höre .... nicht."
8 „Willst du uns interviewen ?" – „Ja, ich möchte .... interviewen."
9 „Tante Helga, vergisst du mich ?" – „Nein, ich vergesse .... nicht."
10 „Nervt der Lehrer euch ?" – „Ja, er nervt ...."

11 Complète par le pronom qui convient.

1 Fritzi freut ...., nach Deutschland zu fahren.
2 Er interessiert .... für Fußball.
3 Wo ist der Braten ? Ich finde .... nicht.
4 Nach dem Essen setzen .... die Eltern in den Garten.
5 Das ist eine gute Platte, ich habe .... für Julia gekauft.
6 Kinder, ich rufe .... schon seit zehn Minuten !
7 Ich möchte .... was fragen, Frau Reuter.
8 Komm und setz .... hier hin !
9 Moritz, reg .... doch nicht so auf !
10 Da kommt der Bus, beeile .... doch !

12 Comment dis-tu en allemand ?

1 Christine fait une photo.
2 Maman appelle le médecin.
3 Où est le chien ?
4 Je prends le bus à 6 h.
5 Veux-tu un pullover ou un manteau ?
6 As-tu le walkman ?
7 Oliver joue de la guitare, l'entends-tu ?
8 Achètes-tu le journal ?
9 Viens Steffi, assieds-toi !
10 Catherine est au téléphone, veux-tu lui demander quelque chose ?

13 Complète le cas échéant.

1 Katja hat ein.............. Freund in Hamburg.
2 Wir nehmen d.............. Zug bis Stuttgart.
3 Wir erwarten d.............. Gäste gegen 20.00 Uhr.
4 Tobias hat ein.............. Geschenk gekauft.
5 Aschenputtel wollte d.............. Prinzen heiraten.
6 Hatte Jakob ein.............. Bruder ?
7 Hast du d.............. letzten Film von Spielberg gesehen ?
8 Willst du d.............. Kinder mitnehmen ?
9 Da ist ein.............. Ansichtskarte aus München.
10 Familie Jacobi hat ein.............. Ferienhaus an der Nordsee.

14 Pronom personnel ou pronom réfléchi ? Complète.

1 Freust du .... ?
2 Die Milch ist sauer. Ich trinke .... nicht.
3 Kinder, kommt, ich möchte .... in die Stadt mitnehmen.
4 Frau Gruber, setzen Sie ...., bitte !
5 Mach schnell, Alexandra wartet auf ....
6 Im Supermarkt muss man .... selbst bedienen.
7 Agnes, Telefon, Opa möchte .... sprechen.
8 Ihr müsst .... beeilen, wir fahren in 5 Minuten.
9 Frank, setz .... hin, und hör gut zu !
10 Münchner Bier schmeckt prima, willst du .... nicht mal probieren ?

15 Complète par le pronom qui convient.

1 Diana will Damenschneiderin werden. Sie bereitet .... auf die Prüfung vor.
2 Er hat viel Arbeit, aber er beklagt .... nicht.
3 Interessiert ihr .... für Musik ?
4 Habt ihr .... mit den Jugendlichen unterhalten ?
5 Wir haben ein schönes Projekt, wir müssen .... aber jetzt verwirklichen.
6 Anja arbeitet zum ersten Mal hier, die Situation ist für .... ganz neu.
7 Warum ärgert ihr .... ? Man muss immer ruhig bleiben.
8 Der Alltag ist langweilig. Daran muss man .... gewöhnen.
9 „Ich darf keine Angst haben", sagte .... die junge Schauspielerin.
10 Wenn ein Freund sie provoziert, lacht sie .... an.

L'accusatif est le cas du complément d'objet direct :
Der Pullover ist schön. — *sujet (Nominatif)*
Ich kaufe den Pullover. — *COD (Accusatif)*

Le groupe nominal avec article défini

	masculin	féminin	neutre
singulier	*Ich sehe* ***den** Mann*	***die** Frau*	***das** Mädchen*
pluriel	***die** Männer*	***die** Frauen*	***die** Mädchen*

Les marques de l'accusatif sont identiques à celles du nominatif, sauf au masculin où la marque devient ***n***.

➲ Prennent la marque de l'article défini : les démonstratifs (***dieser***...), les indéfinis ***jeder***, ***mancher*** au singulier et ***viele***, ***wenige***, ***alle***... au pluriel.

Le groupe nominal avec article indéfini

	masculin	féminin	neutre
singulier	*Ich sehe* ***einen** Mann*	***eine** Frau*	***ein** Mädchen*
pluriel	*Männer*	*Frauen*	*Mädchen*

➲ Prennent la marque de l'article indéfini : ***kein*** et les adjectifs possessifs. Au pluriel, ces déterminants suivent le modèle du pluriel ***die***.

➲ ***ein*** n'existe pas au pluriel.

Les pronoms personnels

mich	***dich***	***ihn, sie, es***	***uns***	***euch***	***sie, Sie***

➲ **Remarque :**

- Les pronoms de 3e personne prennent la même marque que l'article défini :

de[n] Mann → ih[n] *di[e] Frau → si[e]*
da[s] Mädchen → e[s] *di[e] Kinder → si[e]*

Les pronoms réfléchis

Le pronom réfléchi se rapporte au sujet.
Il a les mêmes formes que le pronom personnel à l'accusatif, sauf pour la 3e personne :

ich freue ***mich*** *du freust* ***dich*** *er, sie, es freut* ***<u>sich</u>***
wir freuen ***uns*** *ihr freut* ***euch*** *sie, Sie freuen* ***<u>sich</u>***

Prépositions + accusatif

durch (à travers) ***für*** (pour) ***gegen*** (contre)
ohne (sans) ***um*** (autour)

14 Le datif : déterminants et pronoms

1 Indique si le GN en italique est à l'accusatif (A) ou au datif (D).

1 Ich nehme *den Bus.*
2 Der Walkman gehört *dem Mädchen.*
3 Die Lehrerin gibt *Astrid* eine gute Note.
4 Susanne sagt *den Eltern* auf Wiedersehen.
5 Sie liest *die Zeitung.*
6 Er zeigt *der Französin* die Stadt.
7 Willst du *die Karten* kaufen ?
8 Andreas gibt *dem Italiener* seine Adresse.
9 Er macht *dem Chef* die Tür auf.
10 Agnes holt *die Brötchen.*

indice *Le datif est le cas du COI ou du COS.*

2 Complète.

1 Rad gehört d.............. Mädchen.
2 Frank gibt d.............. Katze Milch.
3 Die Mutter kauft d.............. Kind ein Plüschtier.
4 Herr Storm zeigt d.............. Sekretärin einen Brief.
5 Er sagt d.............. Kindern guten Tag.
6 Sie gibt d.............. Vater eine Tasse Kaffee.
7 Die Kamera gehört d.............. Journalistin.
8 Peter macht d.............. Lehrer die Tür auf.
9 Gregor bringt d.............. Eltern Mineralwasser.
10 Der Fotograf zeigt d.............. Redakteur das Foto.

indice *Les marques du datif sont : .... pour le masculin et le neutre, ... pour le féminin et .... pour le pluriel.*
Le nom commun au datif pluriel est toujours terminé par un ....

3 Complète les adjectifs démonstratifs.

1 Der Koffer gehört dies.............. Mädchen.
2 Gib dies.............. Kind ein Glas Wasser !

3 Ich muss dies.............. Frau die Stadt zeigen.
4 Willst du dies.............. Kindern den Ball geben ?
5 Kauf dies.............. Jungen (sing.) ein Eis !

4 Complète par l'article indéfini.

1 Die Tasche gehört .... Mädchen.
2 Er zeigt .... Engländer den Dom.
3 Mutti bringt .... Freundin Blumen.
4 Steffi gibt .... Kind Schokolade.
5 Das Rad gehört .... Frau.
6 Sie bezahlt .... Freundin eine Cola.
7 Der Ball gehört .... Kind.
8 Er macht .... Frau die Tür auf.
9 Daniel erzählt .... Freund das Märchen.
10 Ich gebe .... Italiener meinen Stadtplan.

indice *Les marques de l'article indéfini au datif sont les mêmes que celles de l'article défini au datif.*

5 Complète.

1 Die Kinder fahren mit d.............. Rad nach Rottweil.
2 Julia kommt aus d.............. Pizzeria (fém.).
3 Nach d.............. Film gehst du ins Bett.
4 Frau Holger arbeitet bei ein.............. Arzt.
5 Julitta geht zu ein.............. Freundin.
6 Nadine spielt mit d.............. Computerspiel.
7 Seit ein.............. Woche ist es kalt.
8 Christine ist bei d.............. Bäcker.
9 Morgen fahren wir zu d.............. Großeltern.
10 Das ist ein Poster von mein.............. Lieblingsgruppen.

6 Encadre la préposition qui convient.

1 Bernd spielt .... dem Hund. aus – von – zu – mit
2 Roland ist .... einem Freund. bei – von – aus – zu
3 Heute gehen wir .... dem Tierarzt. bei – nach – seit – zu

4 Sie kommt .... einer amerikanischen Schule. — nach – aus – mit – zu

5 .... der Schule gehen wir ins Kino. — aus – seit – nach – bei

6 Das Telefon klingelt .... einer Minute. — nach – seit – von – zu

7 Frau Sold ist eine Freundin .... den Eltern. — mit – zu – aus – von

8 .... dem Bus geht es schnell. — mit – bei – aus – von

9 .... dem Fleischer findest du auch Eier. — zu – aus – nach – bei

10 Thomas geht ... Moritz. — zu – bei – nach – seit

7 Complète par le pronom personnel.

1 Gehört die Tasche dem Mädchen ? Ja, sie gehört ....

2 Gehört die Kamera der Journalistin ? Ja, sie gehört ....

3 Gibt er dem Hund ein Stück Fleisch ? Ja, er gibt .... ein Stück.

4 Zeigt er den Touristen die Stadt ? Ja, er zeigt .... die Stadt.

5 Kauft er den Kindern ein Eis ? Ja, er kauft .... ein Eis.

6 Bringt er Julitta den Ball ? Ja, er bringt .... den Ball.

7 Zeigt er den Eltern sein Heft ? Ja, er zeigt .... sein Heft.

8 Kauft er Gregor ein Rad ? Ja, er kauft .... ein Rad.

9 Singt sie dem Baby ein Lied ? Ja, sie singt .... ein Lied.

10 Sagt er den Eltern gute Nacht ? Ja, er sagt .... gute Nacht.

indice *Le pronom personnel au datif de la 3ᵉ personne du singulier et du pluriel prend les mêmes marques que l'article défini au datif, c'est-à-dire* ....

8 Complète par le pronom personnel.

1 Katja : „Das ist mein Buch, es gehört .... ".

2 Mutti : „Ich hätte gern ein Brötchen, gib .... eins, bitte !"

3 Die Eltern : „Oliver, bring .... ein Stück Torte !"

4 Katja, Anne, ich habe .... schon alles gesagt !

5 Frau Vogeler, darf ich .... eine Frage stellen ?

6 Herr Schwann, darf ich .... meine Frau vorstellen ?
7 Nadine : „Papa, was hast du .... aus Singapur mitgebracht ?"
8 Die Oma liegt im Krankenhaus. Sonja schreibt .... einen Brief.
9 Opa mag Krimis. Andreas schenkt .... einen.
10 Die Eltern sind gespannt. Diana erzählt .... was passiert ist.

9 Comment dis-tu en allemand ?

1 Donne-moi un morceau de gâteau.
2 Monsieur Korn s'en va (*weg/gehen*), apporte-lui son manteau.
3 Ce stylo appartient à une élève.
4 Les ordinateurs plaisent aux enfants.
5 Ingrid, je voudrais te poser une question.
6 Va nous chercher de la bière. (aller chercher : *holen*)
7 Les enfants sont là, peux-tu leur apporter de la limonade ?
8 Achète-moi le journal.
9 Veux-tu nous acheter des rollers ?
10 Est-ce que le livre vous appartient, madame Kaminski ?

10 Datif ou accusatif ? Complète.

1 Das macht d............. Vater große Sorgen.
2 D............. Eltern geht es gut !
3 Sie hat d............. Kindern befohlen, das Zimmer aufzuräumen.
4 Frag mal d............. Lehrer, ob du eine gute Note hast !
5 Ich möchte d............. Direktor sprechen, bitte.
6 Ich habe gestern d............. Motor reparieren lassen.
7 Es ist d............. Großeltern immer eine Freude, ihre Enkelkinder zu sehen.
8 Er hat ein............. Studienplatz an einer Hochschule bekommen.
9 Ich möchte es ein............. Arzt zeigen.
10 Das hat d............. Kindern gut geschmeckt.

indice *On dit :* wie geht es **dir** ? *(comment vas-tu ?)*
De même : es schmeckt **mir** gut *(c'est bon).*

11 Encadre la réponse correcte.

1 Das ist ... völlig egal, hat Martina gesagt.
a. ihn **b.** dich **c.** mich **d.** mir

2 Das Mädchen setzte ... zu ihrem Freund ins Auto.
a. ihm **b.** sich **c.** euch **d.** sie

3 Sie hat zwei Katzen und mag ... sehr.
a. sich **b.** sie **c.** ihnen **d.** ihn

4 Ralf, hier ist Opas Brief, ich möchte ihn ... vorlesen.
a. dir **b.** ihm **c.** sie **d.** ihm

5 Andreas : „Eine Uhr aus Gold ! Nein, das ist ... zu teuer !"
a. euch **b.** ihn **c.** ihnen **d.** mir

6 Das Mädchen wunderte ... sehr über die schönen Kleider.
a. ihn **b.** es **c.** sich **d.** sie

7 Der Betriebschef ist da. Sie können ... jetzt anrufen.
a. ihm **b.** uns **c.** ihnen **d.** ihn

8 Er hat endlich eine Stelle. Er hat ... per Internet bekommen.
a. sie **b.** es **c.** ihn **d.** sich

9 Du gehst ... langsam auf die Nerven, sagte er seiner Freundin.
a. dir **b.** mich **c.** sich **d.** mir

10 Christoph, sieh ... das an ! Es ist sehr interessant.
a. uns **b.** dir **c.** dich **d.** euch

12 Complète par le pronom qui convient.

1 Mutti, ich bitte ...., Vati nichts zu sagen.

2 Heute ist Sonntag, wir kümmern .... um das Essen.

3 Wasch .... schnell, und komm frühstücken !

4 Vor dem Essen musst du .... die Hände waschen.

5 Gestern habe ich .... einen guten Film angeschaut.

6 Die Jungendlichen verstehen .... nicht immer gut mit ihren Eltern.

7 Es tut .... leid, wenn ich von unglücklichen Kindern höre.

8 Jeder soll für .... arbeiten, hat der Lehrer gesagt.

9 Wenn du deine Eltern siehst, richte .... meine besten Grüße aus.

10 Kann ich .... einen Rat geben, Frau Gripp ?

Le datif est le cas du complément d'objet indirect (COI) ou du complément d'objet second (COS) :

Das Buch gehört dem Mädchen. (COI)

Er gibt seinem Bruder Schokolade. (COS)

Le groupe nominal avec article défini

Das Buch gehört

	masculin	féminin	neutre
sing.	***dem*** *Mann*	***der*** *Frau*	***dem*** *Mädchen*
plur.	***den*** *Kinder**n***		

➲ Prennent la marque de l'article défini : les démonstratifs *(dieser...)*, les indéfinis *jeder*, *mancher* au singulier et *viele*, *wenige*, *alle...* au pluriel.

Le groupe nominal avec article indéfini

Das Buch gehört

	masculin	féminin	neutre
sing.	***einem*** *Mann*	***einer*** *Frau*	***einem*** *Mädchen*
plur.	*Kinder**n***		

➲ Prennent la marque de l'article indéfini : ***kein*** et les adjectifs possessifs. Au pluriel, ces déterminants suivent le modèle du pluriel ***die***.

Les pronoms personnels

mir	***dir***	***ihm, ihr, ihm***	***uns***	***euch***	***ihnen, Ihnen***

➲ Les pronoms de 3e personne prennent la même marque que l'article défini :

de[m] Mann → ih[m] *de[r] Frau → ih[r]*

de[m] Mädchen → ih[m] *de[n] Kinder → ihne[n]*

Les pronoms réfléchis

Il a les mêmes formes que le pronom personnel au datif sauf pour la 3e personne.

*ich kaufe **mir*** *du kaufst **dir*** *er kauft **sich*** *einen Walkman*
*wir kaufen **uns*** *ihr kauft **euch*** *sie, Sie kaufen **sich***

Prépositions toujours suivies du datif

aus (provenance) ***bei*** (chez – locatif) ***mit*** (avec) ***nach*** (après, vers) ***seit*** (depuis) ***von*** (de – appartenance) ***zu*** (chez – directif)

15 Le complément de lieu

1 *Wohin* ou *wo* ? Relie les questions aux réponses correspondantes.

1 Wohin geht Florian ?
2 Wo ist Frau Berg ?
3 Wo liegt das Foto ?
4 Wo arbeitet Herr Schneider ?
5 Wohin läuft der Hund ?

a Sie ist im Kino.
b Er läuft in den Garten.
c Er arbeitet im Büro.
d Es liegt auf dem Tisch.
e Er geht in den Tennisclub.

indice *On utilise* **wohin** *pour demander «où ?» quand il y a un changement de lieu. On utilise* **wo** *quand le complément de lieu est* ....

2 *Wohin* ou *wo* ? Complète.

1 W........... gehst du ?
2 W........... ist die Mutter ?
3 W........... spielt Julitta ?
4 W........... läuft die Katze ?
5 W........... arbeitet die Sekretärin ?
6 W.............. ist der Ball ?
7 W.............. springt die Maus ?
8 W.............. ist die Zeitung ?
9 W.............. fährst du ?
10 W.............. schläft Steffi ?

3 Complète par *in*, *an* ou *auf*.

1 Tobias geht .... die Küche.
2 Sabine ist .... der Schule.
3 Das Foto liegt .... dem Tisch.
4 Der Hund ist .... der Tür.
5 Petra läuft .... den Garten.
6 Anne schreibt .... die Tafel.
7 Das T-Shirt liegt .... dem Bett.
8 Onkel Franz wohnt .... Frankfurt.
9 Er ruft sie .... dem Handy an.
10 Gregor geht .... die Disco.

4 Complète.

1 Wohin geht Holger ? In d... Schule.
2 Wohin geht Thomas ? In d... Disco *(fém.)*

3 Wohin läuft die Katze ? In d... Garten.
4 Wohin geht Kristen ? In d... Tennisclub. *(masc.)*
5 Wohin springt die Maus ? Auf d... Schrank.
6 Wohin gehen die Eltern ? In d... Supermarkt. *(masc.)*
7 Wohin gehst du ? ... Internet-Café.
8 Wohin springt die Katze ? Auf d... Baum.
9 Wohin fahren die Eltern ? ... Theater.
10 Wohin geht der Hamster ? In ... Küche.

indice *Attention ! La préposition + l'article peuvent donner une forme contractée. Par exemple* **in + das** = ...

5 Complète ces phrases.

1 Wo ist der Kuchen ? Auf d............. Tablett. *(neutre)*
2 Wo steht die Flasche Limonade ? Auf d............. Tisch.
3 Wo ist Frau Gruß ? .... Supermarkt.
4 Wo sind Kollers ? In d............. Stadt.
5 Wo ist Herr Kern ? In d............. Küche.
6 Wo steht Christine ? An d............. Tür.
7 Wo liegt Alexander ? .... Bett.
8 Wo bleibt Frau Gerk ? .... Büro.
9 Wo arbeitet Patricia ? .... Wohnzimmer.
10 Wo spielt Oli ? .... Garten.

indice *Après les 9 prépositions mixtes, on utilise .... quand il y a un changement de lieu et .... quand il n'y en a pas. Attention aux contractions !*

6 Complète ces phrases.

1 Stell d............. Gläser .... d............. Tisch !
2 Geh schnell .... Bett !
3 Häng das Poster .... d............. Wand !
4 Die Kinder spielen .... d............. Straße.
5 Geh .... Telefon !
6 Gregor spielt .... Computer.
7 Der Wagen steht .... d............. Garagentür.
8 Er stellte sein Rad .... d............. Baum.
9 Der Main fließt .... d............. Rhein.
10 Im Sommer bleibt sie .... d............. Land.

7 Complète.

1 Tanja isst ... d... Küche.
2 Meine Freunde sind ... Kino.
3 Morgen gehe ich .... d............. Disco.
4 Der Wagen steht .... Straßenrand.
5 Sie segeln .... d............. Starnbergersee. *(masc.)*
6 Um 5.00 Uhr fahren wir .... Hause.
7 Ich verbringe meine Ferien .... d............. Land.
8 Sie bleibt gern bis 5.00 Uhr .... Strand.
9 Im Februar fahren sie .... Gebirge.
10 Cuxhaven liegt .... d............. Nordsee. *(fém.)*

8 Souligne la préposition qui convient et complète.

1 Ein kleines Flugzeug fliegt *(über – unter – in – auf)* d............. Berg hinüber.
2 Der Text steht *(hinter – vor – an – auf)* d............. Tafel.
3 *(in – über – unter – an)* d............. Grenze mussten wir eine Stunde warten.
4 Kleine Kinder dürfen nicht *(hinter – zwischen – auf – in)* d............. Straße spielen.
5 Sie geht einmal in der Woche *(an – über – auf – in)* d............. Kirche.
6 Der Soldat stand draußen *(vor – in – auf – unter)* d............. Tür.
7 Rotkäppchen ging *(über – an – neben – in)* d............. Wald hinein.
8 Ich muß jetzt schnell *(in – an – vor – auf)* d............. Markt.
9 Sie setzte sich *(zwischen – an – auf – unter)* ein............. Freund und ihr............. Bruder.
10 *(vor – in – am – über)* Alexanderplatz steht die berühmte Weltuhr.

9 Complète avec la préposition *an*.

1 Ein Poster hängt .... d............. Wand.
2 Er geht .... Fenster *(utilise la contraction)*.
3 Wir wohnen .... Meer.
4 Sven ist .... Telefon.
5 Sie schreibt die Übung .... d............. Tafel.

Les prépositions mixtes

Les neuf prépositions qui servent à localiser dans l'espace :

an (à, au, contre) ***hinter*** (derrière) ***über*** (au-dessus de)
auf (sur) ***neben*** (à côté de) ***vor*** (devant)
in (dans) ***unter*** (sous, en-dessous) ***zwischen*** (entre)

peuvent être suivies :

– de l'**accusatif**, si le verbe indique un déplacement ou une direction,

– du **datif**, si le verbe indique un séjour dans un lieu (pas de déplacement) :

Wohin *geht er ? – Er geht* ***in die*** *Schule.* (lieu où l'on va)
Wo ist *er ? – Er ist* ***in der*** *Schule.* (lieu où l'on est)

➲ Contractions :
in + dem = ***im*** ; *an + dem =* ***am*** ; *in + das =* ***ins*** ;
auf + das = ***aufs*** ; *über + das =* ***übers***.

▷ D'autres prépositions sont obligatoirement suivies du datif ou de l'accusatif (voir p. 136 et 140).

Zu, bei, nach + datif

• ***Zu*** : chez, avec un verbe de mouvement :
Ich ***gehe zu*** *Frank/****zum*** *Bäcker.*
Je vais chez Frank/chez le boulanger.

• ***Bei*** : chez, avec un verbe d'état :
Ich ***bin bei*** *Frank/****beim*** *Bäcker.*
Je suis chez Frank/chez le boulanger.

• ***Nach*** est employé avec des noms de villes ou de pays, après un verbe de mouvement :
Ich ***fahre nach*** *Berlin.* Je vais à Berlin.

• Avec ***Hause***, on emploie ***nach*** après des verbes de mouvement et ***zu*** après des verbes d'état :

Er ***geht nach*** *Hause.* — *Er* ***ist zu*** *Hause.*
Il rentre chez lui. — Il est chez lui.

➲ Contractions :
zu + dem = ***zum*** ; *zu + der =* ***zur*** ; *bei + dem =* ***beim***.

16 Verbes d'état et de mouvement

1 Complète par *liegen, sitzen, hängen, stehen.*

Das ist Katrins Zimmer.

1 Das Bett .... links neben dem Fenster.
2 Der Schreibtisch .... rechts.
3 Ein kleiner Teppich .... vor dem Bett.
4 Rechts neben der Tür .... eine Kommode.
5 In der Kommode .... ihre Kassetten und ihr Walkman.
6 Ihr Computer .... auf der Kommode.
7 Auf ihrem Schreibtisch .... immer viele Hefte und Bücher.
8 An der Wand .... Poster von Popstars.
9 Sie .... oft auf dem Sofa links neben der Tür.
10 Aber sie .... lieber auf ihrem Bett, um Musik zu hören.

2 Complète par *legen, setzen, hängen, stellen.*

Catherine réinstalle sa chambre.

1 Sie .... den Schreibtisch links neben das Fenster.
2 Sie .... den Teppich vor die Kommode.
3 Sie .... tolle Poster an die Wand.
4 Sie .... den Computer in eine Ecke.
5 Auf den CD-Spieler .... sie eine kleine Vase.
6 Sie .... die Hefte auf ein Regal.
7 Sie .... eine Halogenlampe neben den Schreibtisch.
8 Sie .... einen alten Tennisschläger über das Bett.
9 Neben das Bett rechts .... sie einen Nachttisch.
10 Dann .... sie sich aufs Bett und hört Musik.

3 Complète par le verbe qui convient et la désinence de l'article.

1 Die Kinder .... schon wieder vor d............. Fernseher.
2 Wohin hast du deinen Mantel .... ? In d............. Garderobe ?

3 Die Straßenbahn .... an d............... Haltestelle.
4 Wo sind meine Handschuhe ? Ich hatte sie auf d............. Stuhl ....
5 Eine große Lampe .... an d............. Decke.
6 Hier ist ein Stuhl, ... dich hin und hör gut zu !
7 .... Sie bitte die Briefe auf d............. Kommode !
8 Die Gläser .... schon auf d............. Tisch.
9 Am Nachmittag .... er gern auf d............. Bank vor dem Haus.
10 Oma ist krank, sie .... zur Zeit .... Krankenhaus.

4 Complète.

1 Er hat zehn Jahre lang .... d........... Schweiz gelebt.
2 Ich muß jetzt schnell .... Post.
3 Fräulein Westhof begleitet eine Schülergruppe .... Berlin.
4 Nach der Wende ist Julitta .... d .... BRD gezogen.
5 Um 16.00 Uhr hatte sie einen Termin .... Zahnarzt.
6 Herr Hueber arbeitet .... Volkswagen.
7 Frau Weidert hat ihre Kinder .... Deutschland geschickt.
8 Sie hat diese alte Lampe .... d............. Trödelmarkt gekauft.
9 .... d............. Ex-DDR wurde viel renoviert.
10 Frau Mingshan möchte gern .... Westeuropa leben.

Aux quatre verbes faibles exprimant l'action de placer (+ Acc.) correspondent quatre verbes forts indiquant une position (+ Dat.)

• ***legen*** (poser)	*Er **legt** das Buch **auf den** Tisch.*	(Acc.)
liegen *(a, e)* (être posé)	*Das Buch **liegt auf dem** Tisch.*	(Dat.)
• *(sich)* ***setzen*** (s'asseoir)	*Er **setzt sich auf das** Sofa.*	(Acc.)
sitzen *(a, e)* (être assis)	*Er **sitzt auf dem** Sofa.*	(Dat.)
• ***hängen*** (accrocher)	*Er **hängt** ein Poster **an die** Wand.*	(Acc.)
hängen *(i, a)* (être accroché)	*Das Poster **hängt an der** Wand.*	(Dat.)
• ***stellen*** (posé)	*Er **stellt** eine Vase **auf die** Kommode.*	(Acc.)
stehen *(a, a)* (être posé)	*Die Vase **steht auf der** Kommode.*	(Dat.)

17 Le génitif

1 Mets les terminaisons qui manquent.

1 Das ist die Mutter d.............. Mädchen.............. . *(sing.)*
2 Das ist die Tasche d.............. Lehrer.............. .
3 Hast du den Ball d.............. Hund.............. ?
4 Da wohnt die Lehrerin d.............. Kinder.
5 Das ist der Wagen d.............. Eltern.
6 Das ist das T-Shirt d.............. Dame.
7 Wo ist das Büro d.............. Chef .... ?
8 Hier ist der Mantel d.............. Vater.............. .
9 Das ist das Kleid d.............. Mutter.
10 Wo ist die Adresse d.............. Sekretärin ?

indice *Le génitif est le cas du ....*
Ne pas oublier d'ajouter **s** *aux noms masculins et neutres au singulier.*

2 Complète.

1 Ist das dein Walkman ?
– Nein, das ist der Walkman mein.............. Schwester.
2 Ist das dein Zimmer ?
– Nein, das ist das Zimmer mein.............. Schwester.
3 Ist das dein Hund ?
– Nein, das ist der Hund mein.............. Freund ....
4 Ist das deine Zeitung ?
– Nein, das ist die Zeitung mein.............. Vater ....
5 Ist das dein Haus ?
– Nein, das ist das Haus mein.............. Großeltern.

3 Le génitif saxon. Complète.

1 Ist das die Bluse von Anna ? Ja, das ist Anna .... Bluse.
2 Ist das der Pullover von Peter ? Ja, das ist..............
3 Ist das die Party von Arnold ? Ja, ...
4 Ist das der Wagen von Opa ? Ja, ...
5 Ist das der Hut von Frau Werner ? Ja, ...

4 Comment dis-tu ?

1 L'école de Patricia.
2 Le professeur de Mélanie.
3 L'armoire de Mamie.
4 L'ordinateur de Papa.
5 Le numéro de téléphone de Markus.

5 Tu joues dans une pièce de théâtre et tu distribues les rôles.

1 Thomas nimmt die Rolle d.............. König..............
2 Anja nimmt die Rolle d.............. Königin.
3 Patricia nimmt die Rolle d.............. Prinzessin.
4 Sabine und Jennifer nehmen die Rolle d.............. Kinder.
5 Fritzi und Julia nehmen die Rolle d.............. Elfen (*pluriel*).

6 Le génitif des masculins faibles. Complète.

1 Da kommt der Vater d.............. Jung............... *(sing.)*
2 Das war die Mutter d.............. Prinz.............. . *(sing.)*
3 Das ist der Käfig (la cage) d.............. Aff.............. . *(pl.)*
4 Er möchte die Mail ein.............. Franzos..............
5 Das ist das Zimmer ein .... deutschen Student........... .

indice *Les masculins faibles prennent* .... au gérondif.

7 Complète.

1 Hier ist der Plan d.............. Schule.
2 Heute ist der Tag d.......... offenen Tür. *(journée porte ouverte)*
3 Es beginnt mit der Besichtigung d.............. Bibliothek. (*fém.*)
4 Dann kommt die Besichtigung d .... Computerraum ..... *(masc.)*
5 Hier ist das Büro d.............. Direktor.............. .
6 Dort ist die Bibliothek d.............. Schüler. *(pl.)*
7 Und da ist der Saal d .... Musiklehrer ....*(sing.)*
8 Im Juli ist der Tag d................. Schulfest.............. .*(sing.)*
9 Die Eltern d.............. Schüler sind eingeladen.
10 Die Freunde d.............. Familien können auch mitkommen.

8 Génitif ou génitif saxon ? Comment dis-tu ?

1 Le cousin de Laura.
2 Le fils de mon amie.
3 Une poésie de Goethe.
4 Un ami de mes parents.
5 La grand-mère de Tobias.
6 Le bureau de Madame Tominaga.
7 Un frère de Patricia.
8 La maison des grand-parents.
9 Le numéro de téléphone de ma mère.
10 La capitale de l'Italie.

indice *Le génitif saxon ne peut s'utiliser que lorsque le nom complété est précédé de l'article défini et que le complément est un nom propre. Sinon, il faut utiliser la tournure avec* **von**.

9 Complète :

a) par les terminaisons.

1 Während d............. Essen............. gucken sie oft Fernsehen.
2 Trotz d............. Kälte wollte er keinen Pullover anziehen.
3 Was hast du während d............. Ferien gemacht ?
4 Statt ein............. Jacke hat sie einen Mantel gekauft.
5 Wegen d............. Regen............. muss man langsamer fahren.

b) par la préposition et les terminaisons.

6 .... d............. Vorstellung ist Fotographieren verboten.
7 .... sein............. langen Krankheit konnte er keine Arbeit wiederfinden.
8 .... d............. Motorrad... hat er sein Rad genommen.
9 .... d............. Arbeitslosigkeit bleiben viele Leute optimistisch.
10 .... d............. Deutschstunde wird viel gearbeitet.

Le génitif est le cas du complément du nom.
Hier ist das Büro des Direktors.
Voici le bureau du directeur.

Le groupe nominal au génitif

masculin :	*der Name de**s** Schülers*	→ **s** + **s** (au nom)
féminin :	*der Name de**r** Schülerin*	→ **r**
neutre :	*der Name de**s** Mädchens*	→ **s** + **s** (au nom)
pluriel :	*der Name de**r** Eltern*	→ **r**

L'article indéfini, l'adjectif possessif et l'adjectif démonstratif portent les mêmes marques.

masculin :	*ein**es***	*mein**es***	*dies**es***
féminin :	*ein**er***	*mein**er***	*dies**er***
neutre :	*ein**es***	*mein**es***	*dies**es***
pluriel :		*mein**er***	*dies**er***

➲ Quand le nom au génitif masculin ou neutre est un masculin faible, on lui ajoute *-n* ou *-en* (voir p. 81).

Le génitif saxon

Quand le complément du nom est un nom propre, il se place avant le nom, n'est précédé d'aucun article et prend la terminaison *s*.
*Hier ist **Sabines** Vater.* Voici le père de Sabine.

➲ Les diminutifs *Mutti, Vati, Oma, Opa* sont considérés comme des noms propres.

*Vati**s** Hund.* Le chien de papa.

Quand le nom propre se termine par ***s***, ***ß***, *x* ou ***z***, on ajoute une apostrophe : *Tobias' Hund.*

➲ Le génitif saxon peut être remplacé par ***von*** **+ datif**.

*Die Hauptstadt **von** Spanien.* La capitale de l'Espagne.

*Der Vater **von** Sabine.* Le père de Sabine.

Les prépositions suivies du génitif

wegen (à cause de), ***trotz*** (malgré), ***während*** (pendant), ***statt*** (au lieu de), ***innerhalb*** (à l'intérieur de), ***außerhalb*** (hors de).

18 Genre et nombre

1 Forme le pluriel de ces noms masculins.

1 der Vater
2 der Lehrer
3 der Fernseher
4 der Garten
5 der Computer
6 der Mantel
7 der Italiener
8 der Wagen
9 der Sessel
10 der Kuchen
11 der Bruder
12 der Bäcker
13 der Füller
14 der Vogel
15 der Braten
16 der Apotheker
17 der Engländer
18 der Apfel
19 der Löffel
20 der Babysitter

indice *Beaucoup de noms masculins terminés par* **-el**, **-en**, **-er** *sont invariables ou prennent un Umlaut.*

2 Forme le pluriel de ces noms féminins.

1 die Dame
2 die Familie
3 die Katze
4 die Straße
5 die Hand
6 die Uhr
7 die Lektion
8 die Karte
9 die Stunde
10 die Kartoffel
11 die Jacke
12 die Kassette
13 die Schülerin
14 die Puppe
15 die Tür
16 die Tafel
17 die Lehrerin
18 die Socke
19 die Übung
20 die Wurst

indice *La plupart des noms féminins forment leur pluriel en ajoutant* **-n** *ou* **-en**.
Dans l'exercice ci-dessus, deux noms ne forment pas leur pluriel ainsi, lesquels sont-ils ?
Attention ! Les féminins terminées en **-in** *forment leur pluriel en ... .*

3 Forme le pluriel de ces noms neutres.

1 das Heft
2 das Jahr
3 das Bild
4 das Kind
5 das Brot
6 das Glas
7 das Ei
8 das Programm
9 das Kleid
10 das Spiel
11 das Tier
12 das Bad

13 das Pferd
14 das Haus
15 das Geschenk
16 das Problem
17 das Flugzeug
18 das Dach
19 das Buch
20 das Fahrrad

indice *La plupart des noms neutres font leur pluriel en ajoutant* **-e**, **¨-er** *ou* **-er**.

4 Forme le pluriel des noms communs neutres suivants.

1 das Zimmer
2 das Brötchen
3 das Plätzchen
4 das Theater
5 das Feuer
6 das Radio
7 das Märchen
8 das Bonbon
9 das Taxi
10 das Essen
11 das Fenster
12 das Messer
13 das Mädchen
14 das Meerschweinchen
15 das Monster
16 das Café
17 das Foto
18 das Kino
19 das T-Shirt
20 das Auto

indice *Les neutres terminés par* **-el**, **-en**, **-er** *sont invariables. Quelques neutres d'origine étrangère ajoutent* **-s** *au pluriel.*

5 Forme le pluriel de ces noms.

1 der Fehler
2 ein Haus
3 eine Frau
4 ein Schüler
5 ein Auto
6 der Teller
7 der Vater
8 ein Bleistift
9 eine Jacke
10 die Kusine
11 die Bluse
12 ein Kind
13 die Katze
14 das Mädchen
15 die Straße
16 der Garten
17 ein Löffel
18 das Lineal
19 die Uhr
20 eine Dame

6 Donne le pluriel des noms suivants.

1 der Junge
2 der Direktor
3 das Buch
4 die Gruppe
5 die Tochter
6 das Bad
7 der Motor
8 der Osterhase
9 der Polizist
10 der Vetter
11 der Schuldirektor
12 das Bilderbuch
13 die Mutter
14 der See
15 das Auge
16 das Freibad
17 der Rektor
18 der Hase
19 der Deutsche
20 die Landschaft

indice *Certains masculins désignant des êtres animés sont faibles c'est-à-dire qu'ils forment leur pluriel en ajoutant ....*

7 Mets les noms au pluriel dans ces phrases.

1 Sie kauft einen Löffel.
2 Man sieht hier eine Autobahn.
3 Sie gibt dem Elefanten ein Brötchen.
4 Dieses Comicheft ist lustig.
5 Der Apfel fällt nicht weit vom Baum.
6 Ein Hund mag keine Katze.
7 Der Journalist interviewt einen Politiker.
8 Er singt ein Volkslied.
9 Dort ist ein Segelboot.
10 Der Jugendliche liest oft eine Zeitung.

8 Donne le genre des noms suivants.

1 .... Bäcker
2 .... Onkel
3 .... Winter
4 .... Fotografieren
5 .... Köpfchen
6 .... Übung
7 .... Wohnung
8 .... Landschaft
9 .... Mäppchen
10 .... Verkäuferin

indice *Les noms de métier exercés par des hommes sont masculins ; ceux exercés par des femmes sont féminins. Les noms en* **-ei**, **heit**, **keit**, **schaft**, **ung** *sont féminins.*

9 Complète les articles et les noms.

1 Sie ist die Tochter d............. Präsident............. .
2 Das ist das Werk ein .... großen Komponist ....
3 Anna ist die Schwester d............. kleinen Junge............. *(sing.)*
4 Der Name d............. Student............. ist Raphael Kehler.
5 Siegfried badete im Blut d............. Drachen (le dragon).
6 Der Vater d............. Prinz............. organisierte einen fantastischen Ball.

7 Die Zahl d.............. Mensch.............. steigt.
8 Das ist das Werk ein.............. berühmten Franzose.............. .
9 Das ist der Wagen ein.............. Polizist.............. .
10 Jens ist der Sohn ein.............. großen Fotograf.............. .

indice *Attention : ce sont des masculins faibles.*

10 Complète par le pluriel du nom indiqué.

1 (der Staat) Er ist in die Vereinigten .... gefahren.
2 (der Motor) Diese Wagen haben sehr gute ....
3 (der See) Die bayrischen .... sind eine Reise wert.
4 (das Hemd) Wo hast du diese schönen .... gekauft ?
5 (das Hotel) Man findet schon preiswerte .... in Berlin.
6 (der Polizist) Die deutschen .... haben oft BMW-Motorräder.
7 (das Blouson) Wir haben leider keine ....
8 (das Museum) Die bedeutendsten .... befinden sich in Berlin und München.
9 (das Büro) Um wieviel Uhr schließen die .... ?
10 (die Tochter) Hoffmanns haben zwei .... in Köln.

11 Remplace l'article indéfini par *zwei*.

1 Ich möchte ein Kilo Tomaten.
2 Tobias hat eine Flasche Bier gekauft.
3 Ich hätte gern ein Paar Socken.
4 Gib mir ein Blatt Papier !
5 Der Kranke muss täglich eine Tablette einnehmen.
6 Die Schülerzeitung kostet ein Euro.
7 Er hat eine Tafel Schokolade gegessen.
8 Kauf mir ein Kilo Orangen, bitte !
9 Ich hätte gern ein Dutzend Eier.

indice *Les noms de mesure, de quantité ne se mettent généralement pas au pluriel, sauf les féminins en* **-e**.

Le genre des noms

Sont du masculin :

- les êtres de sexe masculin :
  der Arzt, der Vater, der Onkel
- les noms de jours, de mois, de saisons :
  der Montag, der Frühling sauf ***die*** *Woche,* ***das*** *Jahr*
- beaucoup de mots en **-er** désignant des noms de métiers ou d'instruments :
  *der Lehr**er*** (l'enseignant), *der Apothek**er*** (le pharmacien), *der Hamm**er*** (le marteau)

Sont du féminin :

- les êtres de sexe féminin :
  die Frau, die Tante, sauf ***das*** *Mädchen,* ***das*** *Fräulein* (diminutifs en ***-chen*** ou ***-lein***)
- les noms terminés en ***-ei***, ***-heit***, ***-keit***, ***-schaft***, ***-ung*** :
  *die Konditor**ei*** (la pâtisserie), *die Freund**schaft*** (l'amitié), *die Üb**ung*** (l'exercice)
- beaucoup de noms terminés en ***-e*** : *die Vas**e**, die Jack**e***

Sont du neutre :

- les infinitifs substantivés : *das Fotografieren, das Essen*
- les diminutifs en ***-chen*** et ***-lein*** : *das Mäd**chen**, das Blüm**lein***

Le pluriel des noms

> ***Le pluriel de l'article défini* der, die, das *est* die :**
> **das Kind → die Kinder *(les enfants).***
> ***Le pluriel de l'article indéfini* ein *est* Ø : ein Kind > Ø Kinder *(des enfants).***

Pluriel des noms masculins

- la majorité : ***-e*** ou ***¨-e***
  der Tag (le jour), *die Tag**e***
  der Ball (le ballon), *die B**ä**ll**e***
- la plupart des noms terminés en ***-el***, ***-en***, ***-er*** sont invariables ou prennent l'inflexion :
  *der Fernseh**er*** (la télévision), *die Fernseh**er***
  *der Vat**er*** (le père), *die V**ä**t**er***
- les masculins faibles : ***-n*** ou ***-en***
  der Junge (le garçon), *die Junge**n***
  der Polizist (le policier), *die Polizist**en***

➲ Les masculins faibles prennent ***-n*** ou ***-en*** à tous les cas, sauf au nominatif singulier. Sont faibles tous les noms masculins en ***-e*** qui désignent des êtres vivants ainsi que ***der Herr***, ***der Mensch***, ***der Student***, ***der Polizist***, etc.

- les noms terminés par **-or** inaccentué : **-en**
  der Profess**or**, die Professor**en**
  der Mot**or**, die Motor**en**

Pluriel des noms neutres

- la majorité : ***¨-er*** ou ***-e***
  *das Buch, die B**ü**ch**er***
  *das Heft, die Heft**e***
- les noms en ***-el***, ***-en***, ***-er*** sont invariables
  *das Fenst**er*** (la fenêtre), *die Fenst**er***
  *das Mädch**en*** (la fille), *die Mädch**en***
  *das Möb**el*** (le meuble), *die Möb**el***
- quelques noms ajoutent ***-s***
  *das Auto, die Auto**s***
  *das Büro, die Büro**s***
- quelques noms ajoutent ***-n*** ou ***-en***
  das Auge (l'œil), *die Auge**n***
  das Bett (le lit), *die Bett**en***
  das Hemd (la chemise), *die Hemd**en***
  das Ohr (l'oreille), *die Ohr**en***

➲ Les noms masculins ou neutres désignant des unités de mesure, de poids ou des quantités sont invariables.
*drei **Glas** Wein* (trois verres de vin)
*vier **Kilo*** (quatre kilos)
*zwei **Blatt*** Papier (deux feuilles de papier)

Pluriel des noms féminins

- la majorité : ***-n/-en*** ou ***¨-e***
  die Vase (le vase), *die Vase**n***
  die Gabel (la fourchette), *die Gabel**n***
  die Hand (la main), *die H**ä**nd**e***
  die Bank (le banc), *die B**ä**nk**e***
- deux exceptions : *die Mutt**er**, die M**ü**tt**er**, die Tocht**er**, die T**ö**cht**er***
- les noms en ***-in*** : ***-nen***
  *die Lehrer**in*** (l'enseignante), *die Lehrerin**nen***

19 Les possessifs

1 Réponds selon le modèle.

a) Hier ist ein Buch.
→ Ja, das ist mein Buch.

b) Hier ist ein Ball.
→ Ja, das ist unser Ball.

1 Hier ist ein Heft.
2 Hier ist eine Tasche.
3 Hier ist ein Füller.
4 Hier ist eine CD.
5 Hier ist ein Handy.
6 Hier ist ein Walkman.
7 Hier ist ein Lineal.
8 Hier sind Bonbons.
9 Hier ist eine Kassette.
10 Hier ist ein Computer.

indice *L'adjectif possessif se décline comme .... au singulier et il prend la marque de l'article .... au pluriel.*

2 Réponds selon le modèle.

a) Kennst du meine Mutter ? → Ja, ich kenne deine Mutter.

1 Kennst du meine Schwester ?
2 Willst du mein Heft ?
3 Hast du meinen Füller ?
4 Brauchst du meine Schere *(ciseaux)* ?
5 Kennst du meine Eltern ?

a) Hast du unser Heft ? → Nein, ich habe euer Heft nicht.

6 Hast du unser Buch ?
7 Brauchst du unsere Farbstifte ?
8 Kennst du unseren Cousin ?
9 Nimmst du unser Rad ?
10 Machst du unsere Arbeit ?

indice **Euer** *perd son 2ᵉ* **e** *quand il a une terminaison.*

3 Complète par *dein* ou *euer*.

1 Tobias, wo ist .... Walkman ?
2 Manuela, brauchst du .... Rad ?
3 Nina, hast du .... Deutschbuch ?
4 Christian, Holger, nehmt ihr .... Skateboard ?
5 Kinder, findet ihr .... Ball ?
6 Steffi, suchst du .... Mantel ?
7 Vati, nimmst du .... Wagen ?
8 Opa, Oma, habt ihr .... Fotoalbum ?
9 Wolfgang, hast du .... Brille ? (féminin : *die Brille*)
10 Alexandra, Irina, macht ihr .... Übungen ?

4 Complète par la terminaison voulue.

1 Wem gehört der Füller ? Mein............. Vater.
2 Wem kaufst du ein Eis ? Mein............. Schwester.
3 Wem schenkst du einen Pulli ? Dein............. Bruder.
4 Wem bringst du die Blumen ? Dein............. Eltern.
5 Wem zeigt ihr die Fotos ? Unser............. Großeltern.

5 Complète par l'adjectif possessif.

a)

1 Wo ist Jans Gitarre ? .... Gitarre ist hier.
2 Wo ist Muttis Uhr ? .... Uhr ist hier.
3 Wo ist Katjas Anorak ? .... Anorak ist hier.
4 Wo ist Axels Hose ? .... Hose ist hier.
5 Wo ist Opas Fahrrad ? .... Fahrrad ist hier.

b)

6 Christiane und .... Mutter gehen in den Supermarkt.
7 Thomas und .... Bruder spielen im Garten.
8 Frau Strauß und .... Mann gehen ins Theater.
9 Herr Schwaiger und .... Frau bleiben zu Hause.
10 Die Sekretärin und .... Chef sind im Büro.

indice *Quand le possesseur est féminin, l'adjectif possessif est ....*
Quand le possesseur est masculin ou neutre, l'adjectif possessif est ....

6 Comment dis-tu en allemand ?

1 Ma sœur s'appelle Sabine et mon frère Thomas.
2 As-tu ma cassette ?
3 Appelle Christine, son professeur est au téléphone.
4 Alexandra cherche son stylo.
5 Monsieur Hausmann, j'ai votre journal.
6 Notre directeur est malade.
7 (Les) enfants, où sont vos vélos ?
8 Cette radio appartient à mon frère.
9 Notre numéro de téléphone est ici.
10 Je cherche Christiane et son amie Susanne.

7 Construis des phrases sur le modèle.

Christian/Mantel → Christian sucht seinen Mantel.

1 Jan/Fotoapparat.
2 Christine/Anorak.
3 Flora/Turnschuhe.
4 Gregor/Gitarre.
5 Herr Stark/Notizbuch.
6 Oma/Uhr.
7 Karl-Heinz/Rollschuhe.
8 Barbara/Tube Kleber.
9 Der Direktor/Füller.
10 Frau Soltmann/Brille.

8 Complète par l'adjectif possessif.

1 Wie heißt du ? .... Name ist Nina.
2 Ist das dein Matheheft ? Nein, ... Matheheft ist hier.
3 Petra, ist Englisch dein Lieblingsfach ? Nein, ... Lieblingsfach ist Deutsch.
4 Wie heißt Mariannes Mutter ? .... Mutter heißt Hannelore.
5 Wie heißt Floras Vater ? .... Vater heißt Peter.
6 Frau Wilms, ist das .... Mantel ?
7 Agnes, Sabine, ist .... Vater zu Hause ?
8 Wir wohnen in Hamburg, ... Stadt hat 1,7 Millionen Einwohner.
9 Ihr wohnt in Deutschland, wie heißt .... Bundeskanzler ?
10 Meine Damen und Herren, geben Sie mir jetzt .... Meinung darüber.

L'adjectif possessif

	masculin	féminin	neutre	pluriel
(ich)	mein	meine	mein	meine
(du)	dein	deine	dein	deine
(er)	sein	seine	sein	seine
(sie)	ihr	ihre	ihr	ihre
(es)	sein	seine	sein	seine
(wir)	unser	unsere	unser	unsere
(ihr)	euer	eure	euer	eure
(sie, Sie)	ihr, Ihr	ihre, Ihre	ihr, Ihr	ihre, Ihre

ein *Bruder* – ***meine*** *Mutter* – ***mein*** *Buch* – ***meine*** *Eltern*
mon frère – ma mère – mon livre – mes parents

Au singulier, l'adjectif possessif se décline comme *ein*.
Au pluriel, il prend la marque de l'article défini (*die*).

- *Oliver sucht* ***sein*** *T-shirt.* — Oliver cherche **son** T-shirt (à lui).
  Steffi sucht ***ihr*** *T-shirt.* — Steffi cherche **son** T-shirt (à elle).

- *Ihr* (avec majuscule) : on s'adresse à quelqu'un que l'on vouvoie ;
  euer : on s'adresse à plusieurs personnes que l'on tutoie.
  Hier ist ***Ihr*** *Mantel, Frau Sold.* — Voici votre manteau, madame Sold.
  Kinder, hier ist ***euer*** *Ball.* — Les enfants, voici votre ballon.

- ATTENTION : ***euer*** perd le deuxième **e** lorsqu'on ajoute une terminaison.
  euer *Buch* — ***eure*** *Bücher*

Le pronom possessif

Les formes du pronom possessif sont les mêmes que celles de l'adjectif possessif. Il se décline comme l'article défini *der, die, das, die.*

Hier ist ***mein*** *Ball.* — *Wo ist* ***deiner*** *?*
Hier ist ***meine*** *Uhr.* — *Wo ist* ***deine*** *?*
Hier ist ***mein*** *Buch.* — *Wo ist* ***deines*** *?*

20 L'adjectif épithète

1 Encadre la marque du genre et pose une question selon le modèle.

a) (rot) Di[e] Jacke gehört mir. → Di[e] rote Jacke ?

1	(blau)	Der Pullover gehört mir.
2	(schwarz)	Der Füller gehört mir.
3	(dick)	Das Buch gehört mir.
4	(schön)	Das Foto gehört mir.
5	(klein)	Die Tasche gehört mir.

b) Ist da[s] Bild schön ? Ja, das ist ein schöne[s] Bild.

6 Ist der Roman interessant ?
7 Ist die Frau elegant ?
8 Ist die Stadt groß ?
9 Ist der CD-Spieler neu ?
10 Ist das Essen gut ?

indice *La marque du genre doit apparaître une fois, soit sur le déterminant, soit sur l'épithète.*

2 Complète la marque du genre.

1 Der klein.............. Hund
ein klein.............. Hund
2 Das rot.............. Rad
Ein rot.............. Rad
3 Der nett.............. Junge
Ein nett.............. Junge
4 Die weiß.............. Bluse
Eine weiß.............. Bluse
5 Der neu.............. Anorak
Ein neu.............. Anorak
6 Der braun.............. Blouson
Ein braun.............. Blouson
7 Die klein.............. Maus
Eine klein.............. Maus
8 Das weiß.............. Hemd
Ein weiß.............. Hemd
9 Der schön.............. Mantel
Ein schön.............. Mantel
10 Das groß.............. Haus
Ein groß.............. Haus

indice *Au nominatif masculin et neutre* **ein** *ne porte pas la marque du genre ; donc c'est l'adjectif qui la porte.*

3 Forme deux phrases sur le modèle donné.

kalt/Tee → Da ist kalter Tee. Ich möchte kalten Tee.

1 kalt/Mineralwasser.
2 warm/Milch.
3 stark/Kaffee.
4 gut/Marmelade.
5 frisch/Brot.

indice *En l'absence de déterminant, c'est l'adjectif qui prend la marque du genre.*

4 Forme des phrases sur le modèle donné.

Wo ist deine Hose ? → Meine neue Hose ? Da !
Wo sind deine Farbstifte ? → Meine neuen Farbstifte ? Da !

1 Deine Jacke
2 Deine Schuhe
3 Dein Fotoapparat
4 Deine Gitarre
5 Deine Turnschuhe
6 Deine CDs
7 Dein Tennisschläger (*masc.*)
8 Deine Videokassette
9 Dein Handy
10 Deine Uhr

5 Forme des phrases sur le modèle donné.

Willst du einen Mantel ? (schön)
→ Ja, ich möchte einen schönen Mantel.

1 Willst du einen Walkman ? (gut)
2 Willst du ein Kleid ? (blau)
3 Willst du einen Anorak ? (schwarz)
4 Willst du eine Hose ? (grau)
5 Willst du einen Hund ? (klein)

6 Complète.

1 Gut... Morgen !
2 Gut... Tag !
3 Gut... Abend !
4 Gut... Nacht !
5 Viel... Dank ! *(masculin)*
6 Froh... Weihnachten !
7 Lieb... Mutti !
8 Lieb... Opa !
9 Gut... Appetit !
10 Schön... Ferien !

7 Complète.

1 Ein gut............. Buch. Gut............. Bücher.
2 Ein klein............. Kind. Klein............. Kinder.
3 Ein neu............. Wagen. Neu............. Wagen.
4 Ein jung............. Mann. Jung............. Männer.
5 Ein alt............. Freund. Alt................ Freunde.
6 Das toll............. Bild. Die toll............. Bilder.
7 Der gut............. Kuchen. Die gut............. Kuchen.
8 Die billig............. Bluse. Die billig............. Blusen.
9 Das neu............. Haus. Die neu............. Häuser.
10 Der alt............. Blouson. Die alt............. Blousons.

8 Complète.

Das ist für ...

1 mein... klein... Bruder
2 unser... neu... Lehrerin
3 klein... Kinder
4 ihr... älter... Schwester
5 d... nächst... Stunde

Er fährt durch ...

6 d... alt... Stadt
7 d... englisch... Garten
8 d... klein... Dorf (*neutre*)
9 ein... groß... Wald
10 rheinisch... Städte.

9 Complète.

Er kommt aus ...

1 ein... deutsch... Schule
2 ein... amerikanisch... Universität *(fém.)*
3 d... neu... Arbeitsamt *(neutre)*
4 dies... groß... Geschäft
5 warm... Ländern

Sie nimmt die Rolle ...

6 d... schön... Königin
7 d... gut... Königs
8 d... herzensgut... Prinzessin
9 ein... klein... Zwerges
10 ein... nett... Dienerin
11 d... jung... Mädchens

10 Complète avec les terminaisons du nominatif ou de l'accusatif.

1 Markus und Flora haben ein alt............. Haus und einen schön............. Garten.
2 Es erinnert mich an das alt............. Haus und den schön............. Garten meiner Großeltern.
3 Ihr neu............. Freund ist ein nett............. Junge.

4 Gestern hat er ihnen schön.............. Blumen und ein klein.............. Geschenk gebracht.

5 Zum Dank haben sie ihm einen gut.............. Kuchen und frisch.............. Obst gegeben.

11 Complète par une terminaison du génitif ou du datif.

1 In den letzt.............. Sommerferien ist sie mit ihrer deutsch... Brieffreundin nach Dänemark gefahren.

2 Wir haben auf der romantisch.............. Insel Rügen Urlaub gemacht. Da haben wir Freunde unser.............. ehemalig .... Nachbarin getroffen.

3 Zum erst.............. Mal haben wir an einem wunderschön.............. Strand gezeltet.

4 Der Campingplatz liegt in der unmittelbar.............. Nähe eines neugebaut.............. Tennisclubs.

5 Bei schön.............. Wetter konnten wir im kühl.............. Wasser schwimmen.

12 Complète.

1 während d... letzt... Ferien

2 trotz d... kalt... Regens

3 wegen mein... klein... Bruders

4 trotz d... schlecht... Wetters

5 längs d... breit... Flusses

6 durch kalt... Gegenden

7 bei alt... Freunden

8 ohne ein... warm... Pullover

9 für d... beid... Brüder

10 nach ein... gut... Stunde

13 Transforme les adjectifs en adjectifs substantivés.

1 deutsch :	der Deutsch	eine Deutsch ....
2 arbeitslos :	viele	alle ....
3 blind :	für einen	mit einer ....
4 krank :	eine	mit ....
5 angestellt :	die .... *(fém. sing.)*	bei einem ....
6 schwarz :	ein	gegen ....
7 gefangen :	kein	von dem ....
8 arm :	die .... *(plur.)*	....
9 tot :	die .... *(plur.)*	zwei ....
10 verletzt :	der	mit einem ....

indice *L'adjectif substantivé prend une majuscule et il suit la déclinaison de l'adjectif ....*

14 Complète.

1 D............. Reisend............. warten auf den Zug nach Berlin.
2 Die Zahl d............. Arbeitslos............. ist gestiegen.
3 Du kannst den Angestellt............. fragen.
4 Gestern habe ich etwas Gut............. gegessen.
5 Man kann einen Beamt............. nicht entlassen.

Adjectif épithète ou adjectif attribut ?
L'adjectif épithète est placé avant le nom et se décline :
Das ist ein gutes Buch.
L'adjectif attribut est séparé du nom et est invariable :
Das Buch ist gut.

Adjectif épithète précédé d'un déterminant

	masculin	féminin	neutre	pluriel
N	*der klein**e** Wagen*	*die klein**e** Puppe*	*das klein**e** Buch*	*die klein**en** Bücher*
A	*den klein**en** Wagen*	*die klein**e** Puppe*	*das klein**e** Buch*	*die klein**en** Bücher*
D	*dem klein**en** Wagen*	*der klein**en** Puppe*	*dem klein**en** Buch*	*den klein**en** Bücher**n***
G	*des klein**en** Wagen**s***	*der klein**en** Puppe*	*des klein**en** Buch**s***	*der klein**en** Bücher*

Se déclinent sur ce modèle les adjectifs précédés de ***dies(er)***, ***jen(er)***, ***welch(e)r***, ***alle*** *(au pluriel)*.

	masculin	féminin	neutre	pluriel
N	*ein klein**er** Wagen*	*eine klein**e** Puppe*	*ein klein**es** Buch*	*meine klein**en** Bücher*
A	*einen klein**en** Wagen*	*eine klein**e** Puppe*	*ein klein**es** Buch*	*meine klein**en** Bücher*
D	*einem klein**en** Wagen*	*einer klein**en** Puppe*	*einem klein**en** Buch*	*meinen klein**en** Bücher**n***
G	*eines klein**en** Wagen**s***	*einer klein**en** Puppe*	*eines klein**en** Buch**s***	*meiner klein**en** Bücher*

Se déclinent sur ce modèle les adjectifs précédés de ***kein*** (au singulier) ou d'un adjectif possessif.

➲ Si le déterminant porte la marque du genre : ***-r*** (masculin), ***-e*** (féminin), ***-s*** (neutre), l'adjectif se termine par ***-e***.

*der klein**e** Wagen, da**s** klein**e** Kind*

➲ Si le déterminant ne porte pas la marque du genre, elle est portée par l'adjectif :

*ein jung**er** Mann, ein klein**es** Kind*

➲ Si le déterminant porte une autre marque que celle du genre, l'adjectif se termine par ***-en*** :

*de**n** klein**en** Wagen, de**m** klein**en** Kind.*

Adjectif épithète sans déterminant

L'adjectif porte les marques de l'article défini, sauf au génitif masculin et neutre, où il prend **-en** (la marque **-s**, ou **-n** pour les masculins faibles, étant portée par le nom).

	masculin	féminin	neutre	pluriel
N	*klein**er** Wagen*	*klein**e** Puppe*	*klein**es** Buch*	*klein**e** Bücher*
A	*klein**en** Wagen*	*klein**e** Puppe*	*klein**es** Buch*	*klein**e** Bücher*
D	*klein**em** Wagen*	*klein**er** Puppe*	*klein**em** Buch*	*klein**en** Bücher**n***
G	*klein**en** Wagen**s***	*klein**er** Puppe*	*klein**en** Buch**s***	*klein**er** Bücher*

L'adjectif substantivé

*Das ist ein **kranker** Mann.* (adjectif épithète)
*Das ist ein **Kranker**.* (adjectif substantivé)

L'adjectif substantivé se décline comme l'adjectif épithète.
Il peut désigner :

– des personnes :
ein Deutscher (un allemand)
ein Arbeitsloser (un chômeur)
der Arme (le pauvre)
der Reiche (le riche)
der Beamte (le fonctionnaire)

– des notions abstraites (au neutre) :
das Schöne, (le beau), *das Gute* (le bien)

Remarque : après ***was***, ***etwas*** ou ***nichts***, on utilise l'adjectif substantivé. Ex. : ***nichts Interessantes*** (rien d'intéressant)

21 Comparatif et superlatif

1 Exprime le comparatif de supériorité.

1 Dieser Wagen fährt schnell, aber dieses Motorrad fährt noch ....
2 Diese Tasche ist schwer, aber dieser Koffer ist noch ....
3 Diese Jacke ist modern, aber dieser Blouson ist noch ....
4 Ist der Wein alt ? Der hier ist noch ....
5 Ist der Januar kalt ? Der Februar ist noch ....

indice *La voyelle de certains adjectifs d'une syllabe (comme* **alt**, **jung**, **groß**) *est modifiée : a → ..., u → ..., o → ...*

2 Réponds selon le modèle.

Wie lang ist der Rhein, 600 km ? → Nein, er ist noch länger.

1 Wie weit ist Köln, 50 km ?
2 Wie groß bist du, 1 m 45 ?
3 Wie tief ist der See, 2 m ?
4 Wie alt ist er, 25 ?
5 Wie lange musst du warten, 30 mn ?

3 Établis la comparaison à l'aide de l'adjectif donné.

1 (*lang*) Im Mai sind die Tage .... als die Nächte.
2 (*groß*) München ist .... als Stuttgart.
3 (*kurz*) Die Weihnachtsferien sind .... als die Sommerferien.
4 (*kalt*) Im Norden ist es .... als im Süden.
5 (*langsam*) Die Frauen fahren oft .... als die Männer.
6 (*teuer*) CDs sind .... als Stifte.
7 (*gut*) Eine Praline schmeckt .... als eine Aspirin-Tablette.
8 (*hoch*) Der Mont-Blanc ist .... als die Zugspitze.
9 (*wenig*) Astrid arbeitet .... als Anne.
10 (*gefährlich*) Autorennen sind .... als Pferderennen.

indice *Le comparatif de* **teuer** *est irrégulier :* **teurer**.

4 Réponds en utilisant le comparatif d'égalité.

a) *Ist Sigrid größer als Sonia ? → Nein, Sonia ist so groß wie Sigrid.*

1 Ist Duisburg größer als Leipzig ?
2 Ist der Mai länger als der Juli ?
3 Ist Isabel klüger als Oliver ?
4 Schmeckt der Rheinwein besser als der Moselwein ?
5 Ist Mathe schwerer als Physik ?

b) *Limonade schmeckt gut, und Cola ? → Cola schmeckt so gut wie Limonade.*

6 Hannover ist groß, und Dresden ?
7 Andreas springt hoch, und Max ?
8 Frau Lenz ist jung, und Frau Hoffmann ?
9 Dieses Buch ist langweilig, und dieser Film ?
10 Helga ist freundlich, und Margot ?

5 Comment dis-tu ?

1 Il fait de plus en plus froid.
2 Tobias travaille de mieux en mieux.
3 Les avions volent de plus en plus vite.
4 Il pleut de plus en plus.
5 Il boit de moins en moins.

indice *Le français : « de plus en plus » correspond en allemand à* **immer** *+ comparatif.*

6 Fais des comparaisons en commençant par le mot en italique.

1 *Berlin* – Stuttgart (groß sein)
2 *Doris* (13) – Florian (13) (alt sein)
3 *Ein 15. jähriger Schüler* – ein 6. jähriger Schüler (viel arbeiten)
4 *Ein Bonbon* – ein Medikament (gut schmecken)
5 *Ein Kilo Bananen* – ein Kilo Orangen (schwer wiegen)

7 Complète les subordonnées.

1 Ist Deutsch wichtiger als Englisch ?
– Sie meint, dass ....
2 Ist es in Norddeutschland kälter als in Nordfrankreich ?
– Ich glaube, dass ....
3 Sind die Nächte Mitte Dezember so lang wie die Tage ?
– Nein, ich weiß, dass ....
4 Ist es im Studentenwohnheim billiger als im Hotel ?
– Ja, ich bin sicher, dass ....
5 Mag er Western lieber als Science-fiction-Filme ?
– Ja, ich glaube, dass ....

indice *Où se place le verbe dans la subordonnée comprenant un comparatif +* **als** *ou* **wie** *?*

8 Comment dis-tu ?

1 Je crois qu'il a autant travaillé que sa sœur.
2 Nous pensons que les femmes conduisent *(fahren)* aussi bien que les hommes.
3 Je suis sûr qu'il préfère boire du Coca plutôt que *(= als)* de la bière.
4 Elle dit qu'il va mieux que la semaine dernière.
5 Je ne sais pas si Marylin Monroe était plus belle qu'Ava Gardner.

9 Mets les adjectifs au superlatif.

1 Der ICE ist der .... Zug. (*schnell*)
2 Ich möchte das .... T-Shirt kaufen. (*billig*)
3 Das sind die sieben .... Länder. (*reich*)
4 Er schaut sich oft die .... Filme an. (*doof*)
5 Was ist die .... Stadt in Hessen ? (*groß*)
6 Gregor ist der .... Schüler der Klasse. (*gut*)
7 Sind wir weit von Mainz ?
– Nein, es ist die .... Stadt. (*nah*)
8 Sie hat den .... Mantel gekauft. (*teuer*)
9 Das ist das .... Kind der Welt. (*lieb*)
10 Der Winter ist die .... Jahreszeit. (*kalt*)

indice *Les adjectifs qui ajoutent l'inflexion au comparatif* (**ä, ö, ü**) *la conservent au superlatif.*

10 Comparatif ou superlatif ? Complète.

1 Liest du .... „Mädchen" oder "Für sie" ? (*gern*)
2 Japanische Fotoapparate sind die ...., (*gut*)
die es gibt. (*gut*)
3 Bayern hat die .... staatliche Tradition. (*alt*)
4 Die .... Jugendlichen gehen in die Disco. (*viel*)
5 Die Nordsee ist .... als das Mittelmeer. (*kalt*)

indice *Ne pas oublier que le superlatif épithète se décline comme tout adjectif épithète.*

11 Le superlatif de l'adverbe. Complète.

1 Der TGV fährt sehr schnell. – Er fährt sogar ....
2 Ich skate sehr gern. – Ich skate sogar ....
3 Der Everest ist sehr hoch. – Er ist sogar ....
4 Der Gepard läuft sehr schnell. – Er läuft sogar ....
5 Der Adler fliegt sehr hoch. – Er fliegt sogar ....

12 Construis des phrases sur le modèle.

a) *Ist der Film nicht zu lang ? → Doch, das ist der längste Film, den ich je gesehen habe.*

1 Ist der Roman nicht interessant ? (*lesen*)
2 Ist die Frage nicht doof ? (*hören*)
3 Ist die Klassenarbeit nicht schwer ? (*machen*)
4 Ist die Torte nicht gut ? (*backen*)
5 Sind die Schuhe nicht teuer ? (*kaufen*)

b) *Keiner singt so schön wie er. → Er singt am schönsten.*

6 Keine ist so schön wie sie.
7 Niemand schwimmt so schnell wie er.
8 Keiner springt so hoch wie er.
9 Niemand arbeitet so viel wie er.
10 Niemand spielt so gut wie sie.

13 Superlatif de l'adverbe ou de l'adjectif ? Complète.

1 Er springt hoch. Er springt sogar.............. .
2 Das ist ein guter Kuchen. Da ist sogar.............. .

3 Da sind tolle Skipisten. Da sind sogar..............
4 Dieser Pilot fährt schnell. Er fährt sogar..............
5 Er arbeitet viel. Er arbeitet sogar..............

14 Comment dis-tu ?

1 C'est lui qui court le plus vite.
2 Il fait de plus en plus froid.
3 La Zugspitze est la plus haute montagne d'Allemagne.
4 Veux-tu aller à la pizzeria ? Non, je préfère aller au cinéma.
5 C'est le plus beau livre que j'aie jamais lu.
6 Il est exactement aussi grand que moi.
7 Il travaille très bien. C'est même lui qui travaille le mieux.
8 On dit que c'est l'été le plus chaud depuis 10 ans.
9 J'aime par-dessus tout jouer au handball.
10 Il travaille de moins en moins.

indice *Après* **wie** *ou* **als**, *on a très souvent un nominatif :* er ist größer als **ich** *(=* als ich bin*).*

15 Forme le superlatif de l'adjectif ou de l'adverbe.

1 Steht sie früh auf ? Ja, in der Familie steht sie .... auf.
2 Schwimmt er gut ? Ja, in der Klasse schwimmt er ....
3 Dieser Garten ist sehr schön. Das ist sogar .... Garten der Gegend.
4 Das Bundesland Bremen ist sehr klein. Das ist sogar .... Bundesland Deutschlands.
5 Reitet sie gern ? Ja, sie reitet sogar ....
6 Ist der 21. Juni ein langer Tag ? Ja, das ist sogar .... Tag des Jahres.
7 Haben wir im Ruhrgebiet schlechte Luft ? Ja, das ist sogar .... Luft Deutschlands.
8 Läuft der Gepard sehr schnell ? Ja, er läuft ....
9 Gibt es in Wien gute Kuchen? Ja, es gibt sogar .... Kuchen der Welt.
10 Ist der Tiger aus Asien sehr groß ? Ja, er ist sogar ....

Le comparatif

- d'égalité : ***so*** … ***wie*** → *Düsseldorf ist* ***so*** *groß* ***wie*** *Stuttgart.*
- d'infériorité : ***nicht so*** … wie → *Köln ist* ***nicht so*** *groß* ***wie*** *München.*

On peut aussi employer ***weniger*** … ***als*** → *Köln ist* ***weniger*** *groß* ***als*** *München.*

- de supériorité : …***er als*** → *Köln ist schön****er als*** *Duisburg.*

➲ Au comparatif de supériorité, certains adjectifs d'une syllabe prennent une inflexion : *alt,* ***ä****lter.* Voici les plus courants : *arm, dumm, groß, hart, jung, kalt, klug, kurz, lang, schwach, stark, warm*

➲ Dans les subordonnées, le verbe se place avant *als* ou avant *wie* : *Er ist größer als du. Er sagt, daß er größer ist als du.*

➲ ***Immer*** + comparatif = **de plus en plus** :
Er arbeitet ***immer mehr****.* Il travaille de plus en plus.
Wenig + comparatif = **de moins en moins**.

Le superlatif

- de l'adjectif épithète :

der, ***die***, ***das*** + adjectif + ***-ste*** ou ***-sten*** (au pluriel)
*Der ICE (Inter-City-Zug) ist der schnell****ste*** *Zug.*
Le ICE est le train le plus rapide.

- de l'adjectif attribut ou de l'adverbe :

am + adjectif + ***sten*** (invariable)
Der TGV fährt ***am*** *schnell****sten****.* C'est le TGV qui roule le plus vite.
Im Frühling ist die Stadt ***am*** *schön****sten****.* C'est au printemps que la ville est la plus belle.

➲ Les adjectifs qui prennent une inflexion au comparatif la gardent au superlatif : *alt,* ***ä****lter, der* ***ä****lteste ; dumm, d****ü****mmer, der d****ü****mmste ; groß, gr****ö****ßer, der gr****ö****ßte*

➲ Quand le radical se termine par ***-d***, ***-t***, ***-s***, ***-ß*** (sauf *groß*), ***-z***, ***-tz***, on intercale un ***e*** avant ***-ste*** (pour des raisons de prononciation) : *alt, der älteste.*

Adjectifs et adverbes irréguliers

gern	***lieber***	*der* ***liebste*** */ am* ***liebsten***
gut	***besser***	*der* ***beste*** */ am* ***besten***
hoch	***höher***	*der* ***höchste*** */ am* ***höchsten***
viel	***mehr***	*die* ***meiste(n)*** */ am* ***meisten***
nah	***näher***	*der* ***nächste*** */ am* ***nächsten***

Es ist ***höchste*** *Zeit.*	Il est grand temps.
Besten *Dank !*	Avec tous mes remerciements !
Er tut sein ***Bestes****.*	Il fait de son mieux.
Um so ***besser*** *!*	Tant mieux !
Besser *spät als nie.*	Mieux vaut tard que jamais.

22 Le passif

1 Complète par la forme de *werden* qui convient.

1 Ich .... abgeholt.
2 Der Tisch .... gedeckt.
3 Wir .... um 8.00 Uhr geweckt.
4 Die Geschäfte .... um 18.00 Uhr geschlossen.
5 Das Auto .... jetzt geprüft.
6 Wir .... gut bezahlt.
7 Die Büros .... um 9.00 Uhr geöffnet.
8 Es .... gemacht.
9 Du .... eingeladen.
10 .... diese Maschinen nach Japan exportiert ?

2 Réponds avec une construction passive.

1 Wer macht das ?	Das wird von mir ....
2 Wer lernt das ?	.... von ihm ....
3 Wer kauft das ?	.... von Jens ....
4 Wer holt das ?	.... von uns ....
5 Wer schreibt das ?	.... von Birgit ....

indice *Le passif se forme avec* **werden** *et le participe 2 (participe passé).*
Attention : pour le participe 2, demandez-vous si le verbe est faible ou fort.

3 Complète.

1 Wer kocht das Essen ? Vati ?
– Ja, das Essen .... von .... gekocht.
2 Wer holt die Post ? Agnes ? – Ja, die Post ....
3 Wer schreibt die Briefe ? Die Sekretärin ? – Ja, ...
4 Wer macht die Betten ? Die Kinder ? – Ja, ...
5 Wer ruft die Sekretärin an ? Der Direktor ? – Ja, ...

4 Mets les phrases suivantes au passif.

1 Man deckt den Tisch.
2 Man trinkt viel Bier.
3 Man sucht Mechaniker *(pluriel)*.
4 Man ruft mich.
5 Man trennt Müll *(les ordures)*.
6 Man spielt.
7 Man schläft.
8 Man arbeitet.
9 Man spricht nicht.
10 Man räumt auf.

indice *L'allemand préfère utiliser le passif plutôt que la tournure avec* man. *C'est le passif impersonnel.*

5 Mets les phrases suivantes au passif.

1 Alexander ruft Sonja.
2 Tobias grüßt die Nachbarin.
3 Die Journalistin interviewt deutsche Schüler.
4 Der Briefträger trägt die Post aus.
5 Ein japanischer Reporter schreibt den Artikel.

indice *Le COD de la phrase à l'actif devient* .... *de la phrase passive.*

6 Mets les phrases obtenues ci-dessus au prétérit.

7 Transforme selon le modèle.

Man spielt.
→ *a. Es wird gespielt.* *b. Jetzt wird gespielt.*

1 *Man tanzt.*
a. .... **b.** Am Samstagabend ....
2 Man schläft.
a. .... **b.** Jetzt ....
3 Man redete viel.
a. .... **b.** Gestern ....
4 Man raucht nicht.
a. .... **b.** Hier ....
5 Wir musizieren.
a. .... **b.** Am Abend ....
6 Wir trinken keinen Alkohol.
a. .... **b.** Auf dem Schulfest ....

7 Man lachte viel.

a. .... **b.** Beim Karneval ....

8 Man frühstückt auf der Terrasse.

a. .... **b.** Im Sommer ....

9 Man arbeitet zuviel.

a. .... **b.** Hier ....

10 Man feierte die ganze Nacht.

a. .... **b.** Die ganze Nacht ....

indice *Le sujet es du passif impersonnel est obligatoirement supprimé quand il n'est pas en tête de phrase.*

8 Comment dis-tu en allemand ? (Utilise le passif.)

1 Dans ce restaurant on ne fume pas.
2 On sert le petit déjeuner à 8 heures.
3 Ici on parle allemand.
4 On cherche un mécanicien.
5 On construit une école près de chez nous.

9 Mets au passif en respectant les temps.

1 Man hat das Theaterstück in Hamburg gespielt.
2 Die Tante hatte ihn gestern erwartet.
3 Der Chef hat ihn nach München zurückgerufen.
4 Man hat viel Geld ausgegeben.
5 Man wird das Stück in Berlin spielen.
6 Die Techniker werden das Problem lösen.
7 Feiert man Karneval auch bei dir ?
8 Man hat den Roman ins Deutsche übersetzt.
9 Meine Eltern haben mir den Walkman geschenkt.
10 In Lüneburg kaufte man das Salz.

10 Transpose les phrases au passif.

1 Man muss den Tisch decken.
2 Hier darf man nicht rauchen.
3 Man konnte den Motor nicht reparieren.

4 Man muss die Arbeit beenden.
5 Kann man den Wagen leihen ?
6 Man musste den Kranken gleich operieren.
7 Man kann die Arbeit bis heute Mittag machen.
8 Man darf dieses Fenster nicht öffnen.
9 Wenn es schneit, muss man langsam fahren.
10 Die Sekretärin muss noch einen Brief faxen.

11 Transpose au passif (impersonnel).

1 Heute spielen wir Tennis.
2 Am Sonntag arbeitete man nie.
3 Gestern hat man bis spät in die Nacht getanzt.
4 Letzten Sonntag hat man ihn verhaftet.
5 Man zögerte zu lange.
6 Wann schließt man die Geschäfte ?
7 Man spricht immer mehr von Arbeitslosigkeit.
8 1949 gründete man die DDR.
9 Nächstes Jahr wird man das Gymnasium renovieren.
10 Man hat viele Betriebe privatisiert.

12 Entoure la bonne réponse et complète.

1 Im Jahre 1248 .... der Kölner Dom begonnen.
war – ist – wurde – hat
2 Die Videokamera kann nicht repariert ....
worden – werden – sein – gewesen
3 Das Mädchen ist auf einem kleinen Bahnhof von seiner Mutter getrennt ....
worden – sein – gewesen – werden
4 Wann .... die Berliner Mauer geöffnet ?
ist – wird – war – wurde
5 Neue Technik ist von der Post installiert ....
sein – gewesen – gehabt – worden
6 Ich mag nicht gestört ....
sein – werden – worden – geworden
7 Eine neue Autobahn wird nächsten Monat eröffnet ....
worden – geworden – werden – sein

8 Die Stadt .... durch ein Erdbeben völlig zerstört worden.
wurde – wird – ist – kann

9 Die erste Atombombe ist von Oppenheimer gebaut ....
geworden – worden – werden – gewesen

10 In den Schlafzimmern .... Speisen nicht eingenommen werden.
sind – werden – waren – dürfen

13 Transpose au passif.

1 Die Bundesländer subventionieren deutsche Theater.
2 Kaufleute in Norddeutschland gründeten die Hanse.
3 Die Alliierten kontrollierten Berlin.
4 Der Schweizer Henri Dunand gründete das Rote Kreuz.
5 Am Anfang der 80er Jahre vertrat Petra Kelly die Grünen.
6 Bis 1973 haben die Deutschen viele Gastarbeiter angestellt.
7 Die Engländer bombardierten Dresden.
8 Am 28.06.1914 ermordete Prinzip den Erzherzog Ferdinand in Sarajevo.
9 Ein Fischer hatte die Lichter im Leuchtturm angesteckt.
10 Am 15. August 1980 feierten die Kölner den Tag der Grundsteinlegung für den Dom.

On utilise le passif pour mettre en évidence l'objet de l'action.

Formation : *werden* + participe passé

Actif : *Die **Schüler** spielen ein Theaterstück.*
sujet COD
Les élèves jouent une pièce.

Passif : ***Ein Theaterstück** wird **von den Schülern** gespielt.*
sujet complément d'agent
Une pièce est jouée par les élèves.

Le complément d'agent est introduit par ***von*** (+ datif).
Il peut aussi être introduit par ***durch***, quand il exprime le moyen ou la cause :
*Das Haus wurde **durch** den Storm zerstört.*
La maison a été détruite par la tempête.

➲ Ne pas confondre :
*Die Autobahn **ist** gebaut.*
L'autoroute est construite (action finie).

*Die Autobahn **wird** gebaut.*
On est en train de construire l'autoroute.

Le passif avec un verbe de modalité

*Das Auto **muss** repariert **werden**.* La voiture doit être réparée.

Attention, aux temps composés il faut employer le double infinitif :
*Das Auto hat repariert **werden müssen**.*
La voiture a dû être réparée.

Le passif impersonnel

C'est un passif sans sujet ou avec le sujet impersonnel ***es***.
Il est plus fréquemment utilisé que la phrase active introduite par le pronom indéfini ***man*** («on»).
***Hier** wird Deutsch gesprochen.* (= *Hier spricht man Deutsch.*)
***Es** wird hier Deutsch gesprochen.*
On parle allemand ici.

➲ ***Es*** ne peut s'utiliser qu'en tête de phrase.

Les temps du passif

présent	*Ich **werde** gefragt.*	= *Man **fragt** mich.*
prétérit	*Ich **wurde** gefragt.*	= *Man **fragte** mich.*
parfait	*Ich **bin** gefragt **worden**.*	= *Man **hat** mich **gefragt**.*
plus-que-parfait	*Ich **war** gefragt **worden**.*	= *Man **hatte** mich **gefragt**.*
futur	*Ich **werde** gefragt **werden**.*	= *Man **wird** mich **fragen**.*

23 Les pronoms relatifs

1 Complète avec le pronom relatif au nominatif ou à l'accusatif.

1 Der Zug, ... wir nehmen, hält nicht in Mainz.
2 Wer ist der Mann, ... du eben gegrüßt hast ?
3 Die Wurst, ... im Kühlschrank liegt, ist für morgen.
4 Hast du den Walkman genommen, ... auf dem Tisch lag ?
5 Das ist ein Haus, ... am Waldrand steht.
6 Wer sind die Freunde, ... du eingeladen hast ?
7 Das sind drei Musiker, ... einfach fabelhaft sind.
8 Der Kuchen, ... Vati gebacken hat, ist lecker.
9 Siegfried hatte einen Mantel, ... seinen Träger unsichtbar machte.
10 Ein Flugzeug, ... nicht fliegen kann ! Das gibt's doch gar nicht !

indice *Le pronom relatif au nominatif et à l'accusatif a la même forme que l'article ....*
La fonction du pronom relatif est celle du nom qu'il remplace (l'antécédent) dans la subordonnée.

2 Construis des phrases sur le modèle.

a) *Wer ist dieser Junge ? Er kommt aus der Pizzeria.*
→ Wer ist dieser Junge, der aus der Pizzeria kommt ?

1 Wie heißt dieses Mädchen ? Es isst ein Eis.
2 Wer sind diese Leute ? Wir haben sie eben getroffen.
3 Wer ist dieser Mann ? Du hast ihn gerade gegrüßt.
4 Um wieviel Uhr kommen die Freunde ? Wir haben sie eingeladen.
5 Wem gehört der Ball ? Ich habe ihn im Garten gefunden.

b) *Das Buch ist sehr interessant.*
Er hat es mir gegeben. → Das Buch, das er mir gegeben hat, ist sehr interessant.

1 Der Text ist schwer. Wir müssen ihn übersetzen.
2 Der Bus hat eine Panne. Er steht auf dem Marktplatz.
3 Die Frau ist die Schulleiterin. Sie wird gerade interviewt.
4 Der Apfelstrudel schmeckt gut. Ich habe ihn selber gebacken.
5 Der Zug fährt gerade ein. Er kommt aus Freiburg.

3 Complète avec le pronom relatif au datif.

1 Agnes ist das Mädchen, mit .... sie in Urlaub fährt.
2 Dort ist der Parkplatz, auf .... unser Bus steht.
3 Kennst du die Familie, bei .... er in Deutschland gewohnt hat ?
4 Gib mir das Kissen, auf .... du sitzt.
5 Das sind die Kinder, ... du helfen sollst.

indice *Quand le pronom relatif est précédé d'une préposition, il est au cas exigé par la préposition.*

4 Complète par le pronom relatif au cas qui convient.

1 Du kannst den Rock kaufen, ... wir gestern gesehen haben.
2 Nimm den Bus, ... an der Schule vorbeifährt.
3 Das ist der Mann, ... du das Paket bringen sollst.
4 Wem gehört der Pullover, ... unter dem Bett liegt ?
5 Zeig mir die Frau, ... ich danken soll !
6 Hast du von dem Regisseur gehört, ... diesen Film inszeniert hat ?
7 Das ist der Direktor, ... er mich vorgestellt hat.
8 Wer sind die Leute, ... wir gerade begegnet sind ?
9 Hier ist der Junge, ... ich das Buch geschenkt habe.
10 Die Frau, ... er beim Skilaufen geholfen hat, hat ihm herzlich gedankt.

5 Complète avec le pronom relatif au génitif.

1 Der Berg, ... Gipfel wir erblicken, ist die Zugspitze.
2 Die Eltern, ... Kinder in der Schule gut arbeiten, haben Glück.
3 Das ist der Junge, ... Schwester nach Australien gezogen ist.
4 Schau mal die Frau, ... Hut rosa ist !
5 Gib mir das Buch, ... Titel „Im Westen nichts Neues" ist.
6 Das sind die Leute, ... Sohn bei dem Straßenfest mitgemacht hat.
7 Wie heißen die drei Brüder, ... Eltern in Minsk arbeiten ?

8 Kennen Sie Katja Reininghaus, ... Mutter ich Ihnen vorgestellt habe ?
9 Es handelt sich um einen Film, ... Thema mich sehr interessiert.
10 Das Mädchen, ... Kleider damals so langweilig waren, trug ein schrilles Hemd und eine Lederhose.

indice *Le nom qui suit le pronom relatif prend-il un article ?*

6 Comment dis-tu en allemand ?

1 Donne-moi le livre qui est sur le bureau.
2 Où est le manteau que tu as acheté ?
3 C'est un train qui ne s'arrête qu'à Francfort.
4 C'est la maison dans laquelle nous habitions il y a *(vor)* 10 ans.
5 Les gens chez qui nous étions invités sont des amis de Christine.
6 Voici l'ordinateur dont le vendeur m'a parlé.
7 À qui appartient la voiture avec laquelle vous êtes allés à Berlin ?
8 La cathédrale dont tu aperçois *(erblicken)* les tours est la Frauenkirche de Munich.
9 Prends le livre sur la couverture *(der Umschlag)* duquel il y a une photo de Louis II.
10 Voici Madame Schultze avec le fils de qui il est allé en Afrique.

7 Traduction de «dont».

1 J'ai acheté le disque dont j'ai entendu parler hier.
2 Voici le jardin dont il était si fier.
3 Achète-toi le livre dont tu as besoin.
4 Ce sont des gens dont nous ne savons rien.
5 Voici la maison dont elle rêve.
6 Madame Halm avait un chien dont j'avais très peur quand j'étais enfant.
7 Le peintre dont nous verrons les tableaux vit à Worpswede.
8 Les élèves dont les noms sont *(stehen)* sur cette feuille doivent se présenter au bureau du directeur.
9 Les enfants dont elle s'occupe le samedi sont très gentils.
10 Je ne connais pas l'écrivain dont tu me parles.

indice *Attention ! «Dont» ne se traduit pas toujours par un pronom relatif au génitif.*

	masculin	féminin	neutre	pluriel
N	der	die	das	die
A	den	die	das	die
D	dem	der	dem	**denen**
G	**dessen**	**deren**	**dessen**	**deren**

Le pronom relatif s'accorde en genre et en nombre avec son antécédent, mais prend la marque du cas correspondant à sa fonction dans la subordonnée. Il est toujours précédé d'une virgule.

Ich kenne den Jungen. ***Er*** *steht dort.*
→ *Ich kenne den Jungen,* ***der*** *dort steht.* (N)
Je connais le garçon **qui** est là-bas.

Ich kenne den Jungen. Du hast ***ihn*** *gegrüßt.*
→ *Ich kenne den Jungen,* ***den*** *du gegrüßt hast.* (A)
Je connais le garçon **que** tu as salué.

Ich kenne den Jungen. Du hast ***ihm*** *die CDs gegeben.*
→ *Ich kenne den Jungen,* ***dem*** *du die CDs gegeben hast.* (D)
Je connais le garçon **à qui** tu as donné les CD.

Ich kenne den Jungen. Die Mutter ***des Jungen*** *arbeitet hier.*
→ *Ich kenne den Jungen,* ***dessen*** *Mutter hier arbeitet.* (G)
Je connais le garçon **dont** la mère travaille ici.

➲ Le pronom relatif au génitif est suivi immédiatement par le nom sans article.
der Junge, ***dessen*** *Mutter…* le garçon dont la mère…

➲ Si le pronom relatif est précédé d'une préposition, il prend le cas demandé par la préposition.
der Junge, ***mit dem*** *du spiels …*

➲ La subordonnée peut être intercalée dans la principale :
Der Junge, ***den ich gegrüßt habe****, ist Jans Bruder.*

24 La proposition infinitive

1 Réponds selon le modèle.

a) Willst du ins Kino gehen ?
→ Nein, ich habe keine Lust, ins Kino zu gehen.

1 Willst du Musik hören ?
2 Willst du eine Cola trinken ?
3 Willst du den Koffer packen ?
4 Willst du Japanisch lernen ?
5 Willst du die Mathearbeit korrigieren ?

b) Ist es verboten, im Gasthaus zu rauchen ?
→ Ja, man darf im Gasthaus nicht rauchen.

6 Ist es verboten, hier zu baden ?
7 Ist es verboten, auf dem Schulhof Fußball zu spielen ?
8 Ist es verboten, auf der Autobahn Rad zu fahren ?
9 Ist es verboten, den Rasen zu betreten ?
10 Ist es verboten, nach 22 Uhr Klavier zu spielen ?

indice *Quand l'infinitif est complément d'un verbe de modalité, il n'est pas précédé de* **zu**. *Il n'y a pas de proposition infinitive.*

2 Utilise au choix ces groupes verbaux pour former des phrases.

Um 5 Uhr weggehen → Er freut sich, um 5 Uhr wegzugehen.

Ich habe vor, ...
Wir haben total vergessen, ...
Er freut sich, ...
Sie hat mir versprochen, ...

1 in München ankommen
2 Katrin vom Bahnhof abholen
3 das Zimmer aufräumen
4 der Musiklehrerin zuhören
5 den Führerschein mitbringen

3 Complète par *zu* si nécessaire.

1 Er freut sich sehr, nach Frankfurt .... fahren.
2 Michael hat angefangen, seine Vokabeln .... lernen.
3 Ich habe nichts .... tun.
4 Fritzi darf nicht in die Disco .... gehen.
5 Kannst du mir .... helfen ?

4 Comment dirais-tu ?

1 Je n'ai pas le temps de regarder la télévision.
2 Il a oublié d'éteindre *(ausmachen)* la lumière.
3 Elle a promis de ranger sa chambre.
4 Je n'ai pas envie d'inviter Alexandra.
5 Il se réjouit d'arriver à Berlin.

5 Construis des phrases sur le modèle.

Spielst du nicht mehr Fußball ?
→ Nein, ich habe aufgehört, Fußball zu spielen.

1 Spielst du nicht mehr Tennis ? Nein, es gefällt mir nicht mehr, ...
2 Fährst du nicht nach Madrid ? Nein, es macht mir keinen Spaß, ...
3 Arbeitet er fleißig ? Ja, er hat mir versprochen, ...
4 Lernt sie Chinesisch ? Ja, sie hat angefangen, ...
5 Studierst du Biologie ? Ja, ich habe vor, ...

6 Comment dirais-tu ?

1 J'ai oublié de téléphoner à Stéphanie.
2 Cela ne m'amuse pas de travailler toute la journée.
3 Je te prie de venir tout de suite.
4 J'espère partir en vacances en juillet.
5 Il me conseille de me lever à 7 h.

indice *Les verbes suivants sont souvent accompagnés d'une proposition infinitive.*
aufhören *(cesser)*, gefallen *(plaire)*, versprechen *(promettre)*, anfangen *(commencer)*, vergessen *(oublier)*, bitten *(prier de)*, sich freuen *(se réjouir)*, raten + *dat. (conseiller)*.

7 Construis des phrases sur le modèle.

a) Ich habe sie getroffen.
→ Es freut mich, sie getroffen zu haben.

1 Ich habe Tobias kennengelernt.
2 Ich habe Nürnberg besichtigt.
3 Ich habe die Nachbarn eingeladen.

b) Er kann sie begleiten.
→ Er ist glücklich, sie begleiten zu können.

4 Das Kind kann schwimmen.
5 Sie darf mitkommen.
6 Die Schüler können das Problem lösen.

8 Complète.

1 Sie schlägt vor, ...	(aufs Land fahren)
2 Veronika lässt sich	(die Haare schneiden)
3 Oma geht jeden Tag	(in der Stadt spazieren)
4 Es hat aufgehört	(regnen)
5 Am Sonntag hätte ich Zeit, ...	(meine Verwandten anrufen)

indice *Quand l'infinitif est complément de* **lassen**, **sehen**, **hören** *et* **gehen**, *il n'est pas précédé de zu.*

9 Exprime le but à l'aide de *um ... zu*.

1 Wozu nimmst du den Bus ?
(nach Hause fahren)
2 Wozu gehst du in die Küche ?
(Brot holen)
3 Wozu hat Moritz den Fernseher angestellt* ?
(sich die Nachrichten ansehen)
4 Wozu gehst du in die Buchhandlung ?
(einen Roman von Günter Grass kaufen)
5 Wozu rufst du bei Elke an ?
(sie zum Abendessen einladen)

10 Transforme ces phrases en utilisant *ohne... zu.*

1 Renzi geht in die Schule und nimmt seine Schultasche nicht mit.
2 Felix geht an mir vorbei und grüßt mich nicht.
3 Gregor nimmt den Zug und entwertet seine Fahrkarte nicht.
4 Tobias geht hinaus und zieht seinen Blouson nicht an.
5 Der Babysitter sitzt vor dem Bildschirm und kümmert sich nicht um die Kinder.

11 Transforme ces phrases en utilisant *(an)statt ... zu* (au lieu de).

1 Er geht zu Fuß ins Büro ; er will nicht mit der Straßenbahn fahren.
2 Sie hat drei Tage gewartet ; sie wollte den Arzt nicht rufen.
3 Silvia sonnt sich am Strand ; sie will nicht einkaufen gehen.
4 Er sieht fern ; er will nicht in der Küche helfen.
5 Sie nimmt Schlaftabletten ; sie will nicht Sport treiben.

12 Comment dirais-tu ?

1 Il part sans dire un mot.
2 Simon va se coucher sans se laver les mains.
3 On peut vivre sans sortir *(ausgehen)* tous les soirs.
4 Tu critiques *(kritisieren)* sans comprendre.
5 Ils ont quitté l'hôtel sans payer la note *(die Rechnung)*.
6 Au lieu de travailler il joue au foot.
7 Il dort jusqu'à 1 h au lieu de chercher un travail.
8 Aide-moi au lieu de ne rien faire.
9 Prends un livret de caisse d'épargne (*das Sparkassenbuch*) au lieu de dépenser tout ton argent.
10 Va au lit au lieu de regarder la télévision.

13 Complète par *um... zu, ohne... zu, anstatt... zu.*

1 Carolin studiert Japanisch, ... in Tokio .... arbeiten.
2 Paul surft den ganzen Tag im Internet, ... seine Übungen .... machen.

3 Er spricht fließend Deutsch, ... es in der Schule gelernt .... haben.
4 Er braucht einen Rucksack, ... seine Schulsachen .... transportieren.
5 Verena spricht am Telefon, ... sich um ihren kleinen Bruder .... kümmern.

14 Relie par *um... zu*, *ohne... zu*, *anstatt... zu* et fais les modifications nécessaires.

1 Petra schreibt ihrer Freundin. Sie will ihr zum Geburtstag gratulieren.
2 Er geht ins Kino, und besucht seine Oma nicht.
3 Er hat es geschafft ; er hat sich nicht viel Mühe gegeben.
4 Er arbeitet auch am Samstag ; er will mehr Geld verdienen.
5 Sie denkt nur an sich selbst, und kümmert sich nicht um ihre Kinder.
6 Er sieht fern ; er macht seine Hausaufgaben nicht.
7 Natascha macht den Ofen an ; sie will einen Kuchen backen.
8 Silvana geht an Toni vorbei ; sie grüßt ihn nicht.
9 Er muss trainieren ; er will gut sein.
10 Alkan schreibt eine Klassenarbeit. Er konzentriert sich nicht.

15 Traduis.

1 Ich habe nichts zu tun.
2 Da ist nichts zu sehen.
3 Das Haus ist zu verkaufen.
4 Dieses Fitness-Center hat viel zu bieten.
5 Es hat zu regnen begonnen.
6 Das ist leicht zu tun.
7 Garage zu vermieten.
8 Er hat fleißig zu arbeiten.
9 Es freut mich, das Spiel gewonnen zu haben.

Le sujet de la proposition infinitive est obligatoirement le même que celui de la proposition principale.

Proposition infinitive

L'infinitif est précédé de ***zu***. Il se place à la fin de la proposition infinitive.

Ich habe keine Lust ***zu schlafen***. Je n'ai pas envie de dormir.

• Si l'infinitif est accompagné d'un ou plusieurs complément, il y a une virgule avant la proposition infinitive.

Ich habe keine Lust, ***Fußball zu spielen***.
Je n'ai pas envie de jouer au football.

• Dans le cas d'un verbe à particule séparable, ***zu*** est intercalé entre la particule et l'infinitif et le tout s'écrit en un seul mot.

Er freut sich, im Juli ***wegzufahren***. Il se réjouit de partir en juillet.

Proposition infinitive prépositionnelle

• ***um*** ... ***zu*** : pour + infinitif (expression du but)
Er fährt nach München, ***um*** *Deutsch* ***zu lernen***.
Il va à Munich pour apprendre l'allemand.

> ➲ Quand l'infinitif n'est pas accompagné d'un complément, on peut remplacer ***um*** ... ***zu*** par ***zum*** + infinitif substantivé :
>
> ***Zum Wandern*** *braucht er gute Schuhe.*
> Pour faire de la randonnée, il a besoin de bonnes chaussures.

• ***ohne*** ... ***zu*** : sans + infinitif

Er geht hinaus, ***ohne*** *seinen Blouson* ***zu nehmen***.
Il sort, sans prendre son blouson.

• ***anstatt*** ... ***zu*** : au lieu de

Sie hat ferngesehen, ***anstatt*** *in die Disco* ***zu gehen***.
Elle a regardé la télévision, au lieu d'aller à la discothèque.

Infinitif sans *zu*

L'infinitif n'est pas précédé de ***zu*** :

• quand il est complément d'un verbe de modalité :

Er ***will*** *morgen in die Stadt* ***fahren***. Il veut aller en ville demain.

• après les verbes ***lassen***, ***hören***, ***sehen*** et ***gehen*** :

Er ***läßt*** *seinen Wagen* ***reparieren***. Il fait réparer sa voiture.

25 Les conjonctions de subordination (1)

1 Transforme les phrases selon le modèle.

Tobias wohnt in Bonn, sagt Agnes.
→ Agnes sagt, dass Tobias in Bonn wohnt.

1 Julia ist müde, sagt die Mutter.
2 Steffi hat Hunger, sagt Christine.
3 Agnes wartet am Telefon, antwortet Vati.
4 Die Kinder mögen gern Musik, sagt Frau Griesbach.
5 Andrea versteht nicht, sagt die Lehrerin.

2 Transforme ces phrases en les faisant précéder de *Ich weiß, dass...*

1 Mami will ins Kino gehen.
2 Stephanie will eine Postkarte kaufen.
3 Die Kinder wollen nicht aufstehen.
4 Gregor darf keine Bonbons nehmen.
5 Das Schwesterlein kann noch nicht laufen.

3 Réécris ces phrases sans *dass*.

1 Christiane sagt, dass sie müde ist.
2 Mami sagt, dass Elisabeth die Grippe hat.
3 Opa sagt, dass er einkaufen geht.
4 Petra sagt, dass sie das Zimmer aufräumen muss.
5 Melanie sagt, dass sie in die Disco mitgehen möchte.

indice **Dass** *peut être sous-entendu après des verbes d'opinion* (sagen, hoffen, antworten, meinen, *etc.) à l'affirmatif. Quel est l'ordre des mots dans ce cas ?*

4 Réécris ces phrases en utilisant *dass*.

1 Katja hat draußen gewartet, sagt Herr Schneider.
2 Onkel Hans hat nichts gesagt, antwortet Paul.
3 Die Kinder sind ins Kino gegangen, sagt Silvia.
4 Papi hat Mozarts Geburtshaus fotografiert, sagt Mami.
5 Michael hat die Pizza gegessen, sagt Tobias.

5 Transforme ces questions en interrogations indirectes avec *ob*.

1 „Hat Max Hunger ?" fragt Nadine.
2 „Will Christof ein Stück Schokolade ?" fragt Mami.
3 „Kann das Kind schon laufen ?" fragt Martina.
4 „Ist Oliver zu Oma gegangen ?" fragt Jens.
5 „Hat der Lehrer ein Foto gemacht ?" fragt Britta.

6 Complète.

1 Hat Sabine Hunger ? Ich weiß nicht, ...
2 Ist Katrin in den Garten gegangen ? Ich frage mich, ...
3 Will Vati sich die Kassette ansehen ? Ich weiß nicht, ...
4 Haben die Kinder den Tisch gedeckt ? Sag mir, ...
5 Hat Papi angerufen ? Ich möchte wissen, ...

7 *Ob* ou *dass* ?

1 Mutti möchte wissen, ... die Waschmaschine repariert ist.
2 Kannst du mir sagen, ... es dir geschmeckt hat ?
3 Ich möchte wissen, ... er Französisch spricht.
4 Er ist sicher, ... das Telefon geklingelt hat.
5 Ich bin froh, ... er wieder gesund ist.

8 Réponds selon le modèle.

Warum ist er müde ? Hat er Hunger ?
→ Ja, er ist müde, weil er Hunger hat.

1 Warum kommt er nicht ? Hat er keine Zeit ?
2 Warum bleibt sie im Bett ? Ist sie krank ?
3 Warum kommt Petra nicht mit ? Hat sie keine Lust ?
4 Warum ist Max sauer ? Hat er nicht mitgespielt ?
5 Warum gehst du nicht ins Schwimmbad ? Hast du kein Geld ?

9 Remplace *denn* par *weil*.

1 Stefan ist böse, denn er findet die Videokassette nicht.
2 Er ist zu spät gekommen, denn er hat den Bus verpasst.

3 Sie will kein Ei essen, denn sie hat keinen Hunger mehr.
4 Die Eltern bleiben zu Hause, denn sie wollen sich ausruhen.
5 Der Vater ärgert sich, denn Jan hat nicht gut gearbeitet.

indice Denn *et* weil *ont le même sens. Mais attention à la construction de la phrase !*

10 Transforme ces phrases en utilisant *da*.

1 Er hat samstags keine Schule ; also kann er lange schlafen.
2 Sie hat keinen Wagen, also muss sie mit dem Bus ins Büro fahren.
3 Sie findet sich zu dick, also isst sie kein Brot mehr.
4 Alle Zimmer waren belegt, also haben wir im Wagen übernachtet.
5 Er wohnt im Zentrum, also nimmt er selten seinen Wagen.

11 Comment dis-tu en allemand ?

1 Il ne part pas à Berlin car il n'a pas assez d'argent.
2 Christine ne va pas à l'école parce qu'elle est malade.
3 Le professeur est mécontent car les élèves n'ont pas appris le texte.
4 Puisque tu vas chez le boulanger, achète-moi deux petits pains.
5 Comme elle est toujours gaie elle a beaucoup d'amis.
6 Comme je l'ai vu hier je ne lui téléphone pas aujourd'hui.

12 Réponds à la question en utilisant *damit* ou *um ... zu*.

1 Wozu nimmt er ein Taxi ?
(*sein Vater soll am Bahnhof nicht zu lange warten*)
2 Wozu geht Britta ins Theater ?
(*sie will Karten besorgen*)
3 Wozu heizen Sie das Haus schon im September ?
(*es soll im Winter nicht zu kalt sein*)
4 Wozu kauft Frau Schatz ihrem Sohn eine Uhr ?
(*er soll nicht mehr zu spät kommen*)
5 Wozu kamen 1970 viele Türken nach Deutschland ?
(*sie wollten Arbeit finden*)
6 Wozu muss er aufhören zu schreien ?
(*sein Vater kann sich eine Reportage ansehen*)
7 Wozu hat die Polizei die Straße gesperrt ?
(*die Leute können ruhig Rad fahren*)

8 Wozu beeilt sich Verena ?
(*Sie will zum Grillfest gehen*)

indice *Quand le sujet de la principale est différent de celui de la subordonnée, on ne peut pas utiliser ....*

13 Relie par *obwohl*.

1 Mark hockt vor dem Bildschirm ; seine Eltern haben es ihm doch verboten.
2 Er fährt schnell ; die Straße ist doch glatt.
3 Vati geht zur Arbeit ; er hat doch Grippe.
4 Die Luft ist verschmutzt ; die Pariser wollen doch immer noch mit ihrem Wagen fahren.
5 Er raucht ; er hat doch Halsschmerzen.

14 Relie les deux propositions par *so ... dass*.

1 Er darf nicht aufstehen. So krank ist er.
2 Sebastian geht nicht mehr in die Disco. So viel Arbeit hat er.
3 Sie weinte die ganze Zeit. So traurig war sie.
4 Viele Menschen hatten Gesundheitsprobleme. So heiß war es.
5 Sie hat den Braten im Ofen vergessen. So spannend war der Film.

15 Complète à l'aide d'une expression de la liste au temps voulu.

es ist seine Muttersprache / – er hat ihn nicht gesehen / – er hat nicht gehört / – er hat 1 Million Euro gewonnen / – es ist krank.

1 Er gibt keine Antwort, als ob ...
2 Er spricht so gut Englisch, als ob ...
3 Das Kind zittert, als ob ...
4 Mark geht an dem Lehrer vorbei, als ob ...
5 Er freut sich so sehr, als ob ...

16 Comment dirais-tu ?

a) Utilise *als ob*.

1 Il fait comme s'il ne m'avait pas vu.
2 Elle s'occupe de lui comme si c'était son fils.

3 Andreas est pâle comme s'il était malade.
4 Il fait *(tun)* comme si le film lui avait plu.
5 Stéphanie rougit *(rot werden)* comme si elle ne connaissait pas la réponse.

b) Reprends chacune des phrases obtenues ci-dessus en sous-entendant *ob*.

17 Traduis en utilisant *je... desto*.

1 Plus il pleut plus le jardin est vert.
2 Plus ils allaient loin plus ils étaient contents.
3 Plus on roule vite plus on consomme d'essence *(Benzin verbrauchen)*.
4 Plus il travaille plus son professeur est content *(sich freuen)*.
5 Moins tu travailles moins tu as de chances *(die Chance(n))* d'avoir le bac.

indice *La proposition commençant par* **je** *est la subordonnée. Donc, attention à la place du verbe !*

Dass et *ob* : subordonnée complétive

• ***dass*** : *Arnold sagt,* ***dass*** *er zu viel Arbeit* ***hat****.*
Arnold dit **qu'**il a trop de travail.

Dass peut être sous-entendu après les verbes d'opinion à la forme affirmative : ***sagen***, ***denken***, ***meinen***, ***glauben***, ***erzählen***, ***hoffen***, etc. Le verbe est alors en 2e position.
Arnold sagt, er ***hat*** *zu viel Arbeit.*

• ***ob*** : *Er möchte wissen,* ***ob*** *Astrid in die Disco* ***geht****.*
Il voudrait savoir **si** Astrid va à la discothèque.

→ ***Ob*** introduit une interrogation indirecte.

Weil et *da* : subordonnée de cause

• ***weil*** : *Er kauft keinen Walkman,* ***weil*** *er kein Geld* ***hat****.*
Il n'achète pas de walkman **parce qu'**il n'a pas d'argent.

• ***da*** : ***Da*** *sie Ferien* ***hat****, kann sie lange schlafen.*
Puisque / Comme elle est en vacances, elle peut faire la grasse matinée.

■ *Wenn* : subordonnée de condition

wenn + indicatif = condition réalisable

***Wenn** du **willst**, kann ich dich begleiten.*

Si tu **veux**, je peux t'accompagner.

wenn + subjonctif II = condition irréalisable

***Wenn** ich Zeit **hätte**, könnte ich dich begleiten.*

Si j'**avais** le temps, je pourrais t'accompagner.

■ *So... dass* : subordonnée de conséquence

*Er ist **so** krank, **dass** er nicht aufstehen kann.*

Il est **tellement** malade **qu**'il ne peut pas se lever.

■ *Obwohl, obgleich, obschon* : subordonnée de concession

*Mutti geht ins Büro, **obwohl** sie krank **ist**.*

Maman va travailler **bien qu**'elle soit malade ;

➲ ***Obwohl*** est suivi de l'indicatif. ***Obgleich*** et ***obschon*** ont le même sens.

■ *Damit* : subordonnée de but

*Sprich lauter, **damit** Opa dich **hört**.*

Parle plus fort **pour que** grand-père t'entende.

➲ ***Damit*** est toujours suivi de l'indicatif.

■ *Indem* et *(an)statt dass* : subordonnée de manière

*Er verdient Geld, **indem** er samstags babysitten geht.*

Il gagne de l'argent **en faisant** du baby-sitting le samedi.

***Anstatt dass** er für die Schule arbeitet, geht er in die Disco.*

Au lieu de travailler, il va à la discothèque.

■ *Je ... desto* et *als ob* : subordonnée de comparaison

• ***Je*** + comparatif, ***desto*** + (ou ***um*** ... ***so***) + comparatif.

***Je** mehr er arbeitet, **desto** besser werden seine Noten.*

Plus il travaille **plus** il a de bonnes notes.

***Je** weniger er arbeitet, **desto** schlechter werden seine Noten.*

Moins il travaille, plus ses notes sont mauvaises.

• ***als ob*** : *Er zittert, **als ob er** krank **wäre**.*

Il tremble **comme** s'il était malade.

Als ob est suivi du subjonctif II, plus rarement du subjonctif I.

Ob peut être sous-entendu. Dans ce cas, ***als*** est directement suivi du verbe.

*Er zittert, **als wäre** er krank.*

26 Les conjonctions de subordination (2)

1 Réponds selon le modèle.

Wann kommst du zu uns ? (fertig sein)
→ *Wenn ich fertig bin, komme ich zu euch.*

1 Wann rufst du Lara an ? (*nach Hause kommen*)
2 Wann fährst du nach Italien ? (*Ferien haben*)
3 Wann gehst du zu Partys ? (*Freizeit haben*)
4 Wann kaufst du deine Schuhe ? (*in die Stadt gehen*)
5 Wann rufst du Markus an ? (*mit der Arbeit fertig sein*)

2 Relie les phrases par *als* ou *wenn*.

1 Ich ging gestern ins Bett ; er saß noch vor dem Bildschirm.
2 Carolin war an der Haltestelle ; sie traf Britta.
3 Sie wollte nach draußen gehen. Es fing an zu regnen.
4 Wir schreiben eine Klassenarbeit ; wir dürfen kein Wort sagen.
5 Samuel fand endlich eine Stelle ; wir feierten die ganze Nacht.
6 Die Mutter erzählte dem Kind eine gute Nacht-Geschichte ; es freute sich immer sehr.
7 Opa war noch ein Kind ; es gab keine Computer.
8 Wir kamen in München an ; es regnete.
9 Der Wecker klingelt ; er wacht manchmal nicht auf.
10 Sie fuhren Sonntagabends heim ; es gab immer viel Verkehr.

indice *On utilise* **als** *lorsqu'il s'agit d'un fait unique dans le passé.*

3 Complète avec *wenn* ou *wann* ou *als*.

1 Ich weiß nicht, ... er ankommt. Vielleicht am Montag.
2 .... Samir in der Mathe-Stunde war, hatte er immer Angst.
3 .... man einen Computer kauft, bekommt man ein Jahr Garantie.

4 .... er 9 Jahre alt wurde, bekam er einen Computer.
5 Können Sie mir sagen, ... der nächste Zug fährt ?

indice **Wann** *n'est pas une conjonction de subordination ; il introduit une question temporelle indirecte ou directe (voir chapitre 3, p. 19). Il ne faut pas le confondre avec* wenn.

4 Relie ces phrases avec 1) *bevor* ; 2) *nachdem*. Attention à respecter la chronologie des événements.

1 Er schloß die Garagentür ab, dann fuhr er weg.
2 Miriam schrieb ein paar Glückwunschkarten, dann fuhr sie ins Siebengebirge.
3 Clemens repariert sein Rad, dann fährt er zum Tennisclub.
4 Max ruft Katja an, nachher macht er sich an die Arbeit.
5 Das Drehbuch für den Film wird geschrieben, dann sucht der Regisseur einen Produzenten.

5 Complète par *bevor*, *vorher* ou *vor*.

1 Du kannst auf den Knopf drücken, aber .... musst du die Waschmaschine anschließen.
2 .... er ins Kino geht, kauft er das Programm.
3 .... dem Essen holte er etwas zu trinken aus dem Keller.
4 Sie muss noch ihren Mantel in die Reinigung bringen, ... sie zum Bäcker geht.
5 Sie will Kinderärztin werden, aber .... muss sie noch lange studieren.

indice *Attention :* vorher *et* vor *ne sont pas des conjonctions de subordination.*

6 Complète par *nachdem*, *nachher* ou *nach*.

1 Sie geht schlafen, ... sie die ganze Hausarbeit gemacht hat.
2 .... er sich das Cover angeschaut hatte, kaufte er die CD.

3 Er lernt noch schnell ein paar Vokabeln und .... packt er seine Schultasche.
4 .... der Schule treffen sich Alexander und Sebastian im Internet Café.
5 .... sie ihren ersten Comicroman geschrieben hatte, wurde sie schnell berühmt.

7 Comment dirais-tu ?

1 Après avoir étudié le français à Paris il retourna à Francfort.
2 Je joue au foot à 6 h mais avant je dois finir mon travail.
3 Avant l'ouverture *(die Öffnung)* du mur il était difficile de circuler entre Berlin-Ouest et Berlin-Est.
4 Le dimanche matin il va faire son jogging *(joggen gehen)* et après il prend une douche chaude.
5 Elle est allée à Berlin après avoir passé le bac *(Abitur machen)*.

8 Complète par *seit / bis / sobald / solange / während*.

1 Ich bleibe da .... du zurückkommst.
2 .... ich meine Prüfung bestanden habe, suche ich mir einen Job im Ausland.
3 Miriam bleibt bei der Oma, ... der Opa im Krankenhaus ist.
4 Du kannst doch nicht fernsehen, ... du deine Hausarbeit machst.
5 .... Frau Schmitter Diät macht, hat sie 5 kg abgenommen.

■ *Wenn* (quand, lorsque) : fait présent, futur ou répété dans le passé

Wenn *er in die Stadt geht, isst er in der Pizzeria.*
Quand il va en ville, il mange à la pizzeria.

■ *Als* (quand, lorsque) : fait unique dans le passé

Als *wir in Frankfurt ankamen, regnete es.*
Quand nous sommes arrivés à Francfort, il pleuvait.

■ *Bevor, ehe* (avant de)

Bevor *er weggeht, schließt er die Tür.*
Avant de partir, il ferme la porte.

➲ ***Bevor*** est toujours suivi d'un sujet + verbe conjugué.

■ *Nachdem* (après que)

Nachdem *sie gefrühstückt hat, geht sie weg.*
Après avoir pris son petit déjeuner, elle s'en va.

➲ Le verbe de la subordonnée doit marquer l'antériorité par rapport au verbe de la principale.

principale	subordonnée
présent	parfait
parfait	plus-que-parfait

■ *Während* (pendant que)

Während *Katrin arbeitet, sieht ihr Vater fern.*
Pendant que Katrin travaille, son père regarde la télévision.

■ *Seit, seitdem* (depuis que)

Seitdem *er in Deutschland wohnt, spricht er sehr gut Deutsch.*
Depuis qu'il habite en Allemagne, il parle très bien l'allemand.

■ *Bis* (jusqu'à ce que)

Bleib hier, ***bis*** *wir zurück sind.*
Reste ici **jusqu'à ce que** nous soyons de retour.

■ *Sobald* (dès que)

Ich rufe dich an, ***sobald*** *ich ankomme.* Je t'appelle **dès que** j'arrive.

■ *Solange* (tant que, aussi longtemps que)

Sie arbeitet nicht, ***solange*** *ihr Sohn krank ist.*
Elle ne travaille pas **tant que** son fils est malade.

27 Le discours indirect / Le subjonctif I

1 Mets les verbes indiqués au subjonctif I présent.

1 er spielt
2 er sagt
3 er hat
4 sie arbeitet
5 es beginnt
6 du bist
7 du gehst
8 du hast
9 wir sind
10 ich bin

2 Mets au discours indirect ; utilise le subjonctif.

1 Agnes sagt : „Der Film ist super."
2 Katrin sagt : „Mama hat Grippe."
3 Vati meint : „Petra will zu Hause bleiben."
4 Steffi sagte : „Der Bus fährt in 5 Minuten."
5 Der Babysitter hat gesagt : „Ich kümmere mich um die Kinder."

indice *Le temps du verbe de la principale a-t-il une influence sur le temps du verbe de la subordonnée ?*

3 Rapporte les paroles de M. Bergholz sans prendre la responsabilité des faits que tu rapportes.

Herr Bergholz hat mir erzählt :

1 "Ich will ein neues Haus kaufen.
2 Es liegt in der Fußgängerzone.
3 Es gehört alten Leuten.
4 Es kostet nicht viel Geld.
5 Es ist ein Zweifamilienhaus.
6 Es hat 5 Zimmer.
7 Es gefällt meiner Frau.
8 Ich will es morgen besichtigen.
9 Meine Kinder sind begeistert.
10 Im Garten steht ein schöner Brunnen."

4 Mets au discours indirect.

Er fragte mich :

1 „Wie heißt du ?"
2 „Wo wohnst du ?"
3 „Wie alt bist du ?"
4 „Woher kommst du ?"
5 „Hast du viel Arbeit ?"
6 „Bist du damit fertig ?"
7 „Freust du dich auf die nächsten Ferien ?"
8 „Wohin fährst du ?"
9 „Wie lange bleibst du in Deutschland ?"
10 „Kommt deine Schwester mit ?"

indice *L'interrogative indirecte est introduite par ... ou par un mot interrogatif.*

5 Mets au discours indirect (subjonctif I) sans *dass*.

1 Jennifer sagte mir : „Ich bin müde".
2 Meine Mutter ist krank.
3 Ich muss ihr im Haushalt helfen.
4 Es fällt mir schwer, meine Schularbeiten zu machen.
5 Mein Vater macht gerade eine Geschäftsreise.
6 Ich antwortete ihr : „Du musst viel Mut haben".
7 Es wird sicher bald besser gehen.
8 Ich kann dir beim Einkaufen helfen.
9 Für mich ist es kein Problem.
10 Ich habe zur Zeit wenig Arbeit.

indice *Attention aux changements de personnes, pronoms personnels et adjectifs possessifs.*

6 Mets au discours indirect.

Hilke erzählt :

1 Gestern bin ich im Eisstadion gewesen. **2** Ich bin den ganzen Nachmittag Schlittschuh gelaufen. **3** Ich war totmüde. **4** Meine Eltern haben mich abgeholt. **5** Wir haben bei Freunden zu Abend gegessen. **6** Ich bin dann spät ins Bett gegangen. **7** Heute Morgen konnte ich nicht aufstehen, obwohl meine Mutter mich dreimal rief. **8** Ich musste dann eine Viertelstunde auf den Bus warten. **9** Freundinnen von mir sind auch zu spät ins Gymnasium gekommen. **10** Bis zur Mathestunde haben wir vierzig Minuten vor der Schule gestanden.

indice *Quand les formes du subjonctif I se confondent avec celles de l'indicatif, on utilise les formes correspondantes du ....*

7 Mets au discours direct.

Ich habe gelesen :

1 Der französische Präsident sei gestern in Berlin angekommen.
2 Er habe den Bundeskanzler getroffen.
3 Sie hätten eine Stunde zusammen gesprochen.
4 Dann habe der Bundeskanzler eine Rede gehalten.
5 Er habe gesagt, das Eurogeld werde nicht schlechter sein als die D-Mark.
6 Die Bürger sollten keine Angst haben.
7 Kein Deutscher müsse sich Sorgen machen.
8 Die Chancen für die Zukunft seien sehr groß.
9 Er werde alles tun, um gegen die Arbeitslosigkeit zu kämpfen.
10 Er wolle jedem wieder Mut geben.

Le discours indirect

Il sert à rapporter les paroles de quelqu'un ou une information entendue :

Er sagt : «Deutsch ist schwer». Er sagt, dass Deutsch schwer ist. (1)
*Er sagt, dass Deutsch schwer **sei**.* (2)

• On utilise l'indicatif lorsque celui qui rapporte les paroles croit à ce qu'il dit (exemple 1) et le subjonctif I lorsqu'il reste neutre et ne prend pas la responsabilité des paroles rapportées (exemple 2).

➔ Le subjonctif I est surtout utilisé dans la langue écrite, notamment dans la presse.
*Man sagt, er **sei** heute in Tokio angekommen.*
On dit qu'il serait arrivé aujourd'hui à Tokyo.
(information non confirmée)

➔ **Dass** est souvent omis : *Er sagt, Deutsch **sei** schwer.*

Concordance des temps avec le subjonctif I

Discours direct	**Discours indirect**
• indicatif présent	• subjonctif I présent
Er sagt : « Ich komme. »	*Er sagt, dass er **komme**.*
• prétérit, parfait, plus-que-parfait	• subjonctif I passé
Er sagt : « Ich kam. » *Er sagt : « Ich bin gekommen. »* *Er sagt : « Ich war gekommen. »*	*Er sagt, dass er **gekommen sei**.*
• futur	• subjonctif I futur
Er sagt : « Ich werde kommen. »	*Er sagt, dass er **kommen werde**.*

Formation du subjonctif I

radical de l'infinitif + ***-e***, ***-est***, ***-e***, ***-en***, ***-et***, ***-en***.

geben

Présent	**Passé**	**Futur**
ich gebe	ich habe gegeben	ich werde geben
du geb**est**	du hab**est** gegeben	du werd**est** geben
er geb**e**	er hab**e** gegeben	er werd**e** geben
wir geben	wir haben gegeben	wir werden geben
ihr geb**et**	ihr hab**et** gegeben	ihr werd**et** geben
sie geben	sie haben gegeben	sie werden geben

➲ La 1re personne du singulier et les 1re et 3e personnes du pluriel ont les mêmes formes que l'indicatif présent. On les remplace par les formes du subjonctif II pour éviter les confusions *(ich **gäbe**, wir/sie **gäben*** ; *ich **hätte** gegeben, wir/sie **hätten** gegeben* ; *ich **würde** geben, wir/sie **würden** geben).*

Verbe irrégulier : ***sein***

*ich **sei***	*wir **seien***
*du **sei(e)st***	*ihr **seiet***
*er **sei***	*sie **seien***

28 Le subjonctif II

1 Transforme selon le modèle.

Er hat seine Ruhe → Er hätte seine Ruhe.

1 Ich habe eine Frage.
2 Es ist nett.
3 Es kann interessant sein.
4 Geld muss man haben.
5 Sie müssen ruhig bleiben.
6 Du kannst mich anrufen.
7 Du sollst dich beeilen.
8 Ich freue mich sehr.
9 Ihr könnt öfter schreiben.
10 Wir sind zufrieden.

2 Formule des questions selon le modèle.

Kannst du mir eine Postkarte schicken ?

→ Könntest du mir eine Postkarte schicken ?

1 Können Sie mir eine Auskunft geben ?
2 Kann ich Alex sprechen ?
3 Haben Sie ein Buch über Österreich ?
4 Sind Sie so nett ?
5 Helfen Sie mir ?
6 Ist es kein Problem ?
7 Entschuldigen Sie mich ?
8 Machst du das ?
9 Kannst du anrufen ?
10 Hast du Zeit für mich ?

indice *Les verbes de modalité ainsi que* **sein**, **haben** *et* **werden** *ont une forme propre au subjonctif II. Les verbes faibles se conjuguent avec .... + infinitif.*

3 Traduis les phrases obtenues dans l'exercice ci-dessus.

4 Exprime un souhait.

Ich habe keine Zeit.

→ Hätte ich doch Zeit ! → Wenn ich doch Zeit hätte !

1 Er hat keine Arbeit.
2 Ich kann nicht spielen.
3 Sie ist krank.
4 Wir haben nicht genug Geld.

5 Ich kann nicht so richtig schlafen.
6 Er hat Probleme.
7 Das Wetter ist nicht schön.
8 Ich bin immer hungrig.
9 Ich darf nicht rauchen.
10 Es ist so teuer.

indice *Attention à la négation : veille à respecter le sens de la phrase !*

5 Transforme les phrases pour exprimer le regret.

Er ist zu spät gekommen.
→ *Wäre er doch nicht zu spät gekommen !*
→ *Wenn er doch nicht zu spät gekommen wäre !*

1 Ich habe das nicht gewusst.
2 Du bist nach Zürich gefahren.
3 Er hat uns nicht gefragt.
4 Sie ist nicht zu Hause geblieben.
5 Sie haben mein fax nicht bekommen.

6 Comment dis-tu (alterne les phrases avec *wenn* et sans *wenn*) ?

1 Ah, s'il faisait beau.
2 Ah, si j'avais de l'argent.
3 Ah, si je pouvais faire du roller aujourd'hui !
4 Ah, si c'était le dernier jour d'école !
5 Ah, si j'avais su !
6 Ah, si mon père n'était pas au chômage !
7 Ah, si j'avais économisé mon argent de poche !
8 Ah, si j'avais pu gagner au Loto !
9 Ah, si j'avais eu une bonne note !
10 Ah, s'il m'écrivait un SMS romantique !

7 Complète selon le modèle.

Du solltest arbeiten. (Geld haben)
→ *Du solltest arbeiten, dann hättest du Geld.*

1 Du solltest arbeiten. (*zufrieden sein*)
2 Du solltest fleißig sein. (*eine gute Note haben*)
3 Du solltest einen Wagen kaufen. (*uns besuchen*)
4 Du solltest deine Freunde treffen. (*es besser gehen*)

5 Du solltest jeden Tag joggen. *(abnehmen*=maigrir*)*
6 Du solltest diese Arbeit fertigmachen. *(sich ausruhen können)*
7 Du solltest Geld sparen. *(CDs kaufen können)*
8 Du solltest Japanisch lernen. *(in Tokio eine Stelle finden)*
9 Du solltest deinen Wagen reparieren lassen. *(es verkaufen können)*
10 Du solltest einen Fotoapparat kaufen. *(schönere Bilder machen)*

8 Comment dirais-tu ?

1 Moi à ta place, je partirais en vacances.
2 Moi à leur place, je n'irais pas en ville aujourd'hui.
3 Moi à votre *(vouvoiement)* place, je ne prendrais pas ma voiture.
4 Moi à la place de Christel, je mangerais tous les jours.
5 Moi à ta place, j'irais chez le médecin.

9 Transforme les phrases selon le modèle.

Er hat keine Zeit. Er zeichnet nicht.

→ ***a)*** *Wenn er Zeit hätte, würde er zeichnen.*

b) *Hätte er Zeit, dann würde er zeichnen.*

1 Kim ist faul. Sie lernt keine Vokabeln.
2 Ich habe kein Geld. Ich kaufe keine Klamotten.
3 Max ist nicht müde. Er geht nicht ins Bett.
4 Wir haben keine Ferientage. Wir fahren nicht aufs Land.
5 Ich kann nicht kommen. Ich bringe dir die Bücher nicht.

10 Réponds en utilisant les éléments entre parenthèses.

a) Conditions au présent :

1 Was würdest du tun, wenn dein Vater wieder Arbeit hätte ? *(eine große Fete machen)*
2 Was würdest du tun, wenn du jeden Abend allein zu Hause wärest ? *(viele Partys geben)*
3 Was würdest du tun, wenn du 25 Jahre alt wärest ? *(eine Mode-Boutique aufmachen)*
4 Was würdest du tun, wenn du nicht versetzt würdest ? *(nicht wagen, nach Hause zu kommen)*
5 Was würdest du tun, wenn du Ferien hättest ? *(nach Rom fliegen)*

b) Conditions au passé :

6 Was hättest du gemacht, wenn du keinen Job gefunden hättest ? (*im Sommer zu Hause bleiben*)

7 Was hättest du gemacht, wenn dein Vater arbeitslos geworden wäre ? (*jedes Wochenende jobben*)

8 Was hättest du gemacht, wenn du deinen Koffer verloren hättest ? (*zur Polizei gehen*)

9 Was hättest du gemacht, wenn du dich in der Stadt verlaufen hättest ? (*einen Stadtplan kaufen*)

10 Was hättest du gemacht, wenn du mit deinen Eltern Probleme hättest ? (*mit Freunden darüber reden*)

11 Mets les phrases suivantes au passé du subjonctif II.

1 Wenn er nicht tüchtig wäre, bekäme er schlechte Noten.

2 Wenn Jan nicht so aggressiv wäre, hätte er mehr Freunde.

3 Wenn Philipp nach Deutschland führe, würde er schnell Deutsch lernen.

4 Wenn er besser aufpaßte, wäre er besser in der Schule.

5 Wenn Daniel aufmerksam wäre, würde er es schaffen.

12 Mets au passé du subjonctif II.

1 Wenn Astrid zuhören wollte, würde sie alles verstehen.

2 Wenn er kommen könnte, gingen wir ins Kino.

3 Wenn die Kinder auf dem Rasen spielen dürften, würden sie sich freuen.

4 Wenn ich nicht so lange warten müsste, würde ich einkaufen gehen.

5 Wenn es länger dauern sollte, würde ich es Ihnen sagen.

indice *Rappel : dans le cas d'un double infinitif dans la subordonnée,* **haben** *se place avant le double infinitif.* *Voir p. 47.*

13 Reprends les cinq réponses ci-dessus en sous-entendant *wenn*.

14 Complète selon le modèle.

Sie ist nicht reich ; aber sie tut, als ob sie reich wäre.

1 Er ist kein Milliardär ; aber er lebt, ...
2 Sie haben wenig Geld ; aber sie tun, ...
3 Der Mann ist kein Deutscher ; aber er spricht, ...
4 Dieser Junge spielt Fußball wie ein Profi ; er spielt Fußball, ...
5 Sie sieht aus wie ein Mannequin ; sie sieht aus, ...

15 Comment dirais-tu ?

1 Elle entendit du bruit comme si quelqu'un montait l'escalier.
2 Ah, si je pouvais partir à l'étranger *(das Ausland)*.
3 Pourrais-je vous poser une question ?
4 Si j'avais su, je n'aurais rien dit.
5 Ce serait agréable s'il faisait beau.
6 Si tu avais pu faire les courses *(einkaufen)* je serais allée à la piscine.
7 Sans lui elle ne pourrait pas vivre.
8 Ne fais pas comme si tu ne m'avais pas entendu.
9 Il n'a pas beaucoup d'argent sinon *(sonst)* il lui *(ihr)* aurait acheté des fleurs.
10 Tu aurais dû partir plus tôt.

16 Exprime des souhaits selon le modèle.

Ich reite nicht. Am liebsten würde ich reiten.

1 Ich bleibe nicht hier.
2 Er fährt nicht Inline-Skates.
3 Claudia singt nicht auf der Bühne.
4 Sie spielt nicht mit Matt Damon zusammen.
5 Er führt keine internationalen Kampagnen durch.

Formation

Formes du présent

Le subjonctif II a deux formes :

• une forme simple : radical du prétérit (avec inflexion pour les verbes forts, les trois auxiliaires ***sein***, ***haben***, ***werden*** et les verbes de modalité, sauf ***wollen*** et ***sollen***) + terminaisons du subjonctif I.

kaufen : ich ***kaufte*** *sehen : ich* ***sähe*** *können : ich* ***könnte***

• une forme composée : ***würden*** + infinitif.

ich ***würde kaufen*** *ich* ***würde sehen***

• **Pour les verbes faibles**, on utilise surtout la forme avec ***würden***, pour éviter les confusions avec le prétérit (les formes étant identiques).

• **Pour les verbes forts,** on peut utiliser les deux formes ; la forme avec ***würden*** est de plus en plus souvent utilisée.

• **Pour les verbes de modalité** et les trois auxiliaires ***sein***, ***haben***, ***werden***, on n'utilise que la forme simple.

Formes du passé

haben ou ***sein*** au subjonctif 2 + participe passé.

lernen : ich ***hätte*** *gelernt*

gehen : ich ***wäre*** *gegangen*

Emplois

• **Expression de l'irréel, d'une hypothèse, d'un conseil**

Es ***wäre*** *schön.* Ce **serait** bien.

Du ***könntest*** *den Bus nehmen.* Tu **pourrais** prendre le bus.

• **Expression d'une condition irréalisable, d'un souhait, d'un regret**

Wenn *ich Zeit* ***hätte, würde*** *ich Italienisch* ***lernen.***

Si j'avais le temps, **j'apprendrais** l'italien.

Wenn *er doch nicht krank* ***wäre*** *!*

Si seulement il n'était pas malade !

➔ La subordonnée peut se construire sans ***wenn.***

Hätte *ich Zeit, so/dann würde ich Italienisch lernen.*

• **Expression d'une demande polie**

Ich ***möchte*** *eine Cola.* Je **voudrais** un coca.

Ich ***hätte*** *gern eine Limo.* **J'aimerais** avoir une limonade.

• Après ***als ob*** :

Er tut, ***als ob*** *er krank* ***wäre.*** Il fait **comme s'il** était malade.

29 Verbes + prépositions + accusatif

1 Ajoute la préposition manquante.

1 Er denkt nur .... die Ferien.
2 Sandra wartet .... den Zug.
3 Interessiert er sich .... Sport ?
4 Die Eltern erinnern sich .... ihre Jugend.
5 Gewöhnst du dich .... die englische Küche ?
6 Jasmin freut sich .... den Brief.
7 Er hat sich .... ein blondes Mädchen verliebt.
8 Verena schreibt .... ihre französische Korrespondentin.
9 Der Babysitter muss sich .... die Kinder kümmern.
10 Warum lachst du .... ihn ?

2 Ajoute la préposition manquante.

1 Hast du .... seinen Brief geantwortet ?
2 Ich kümmere mich .... das Essen.
3 Ich beneide dich .... deinen schönen Garten.
4 Agnes bereitet sich .... das Examen vor.
5 Kann ich Sie .... Feuer bitten ?
6 Es handelt sich .... ein Märchen von Grimm.
7 Die Politiker kämpfen .... die steigende Arbeitslosigkeit.
8 Wir hoffen .... bessere Zeiten.
9 Ich danke dir .... deine nette SMS.
10 Wende dich .... eine Verkäuferin !

3 Quelle question correspond à chacune des réponses suivantes ?

1 Für Musik.
2 An die deutsche Küche.
3 Auf den Bus.
4 Um das Essen.
5 Auf meine Frage.
6 Gegen die Arbeitslosigkeit.
7 Über den Lärm.
8 An die letzen Ferien.
9 Über das Geschenk.
10 Über einen Witz.

indice *On utilise le pronom interrogatif adverbial composé dans le cas où le complément est précédé d'une préposition. Ceci n'est possible que pour les choses.*

4 Quelle question correspond à chacune des réponses suivantes ?

1 Um die Kinder.
2 Auf meine Freunde.
3 An den Verkäufer.
4 Über seinen faulen Sohn.
5 In ein nettes Mädchen.
6 Für klassische Musik.
7 An seinen alten Freund.
8 Um einen berühmten Maler.
9 An ihre Eltern.
10 An Gott.

5 Quelle question correspond à chacune des réponses suivantes ?

1 Fürs Fotografieren.
2 An den Portier.
3 Auf das Abitur.
4 Über das wunderschöne Wetter.
5 Auf deine Gesundheit.
6 Auf die nächsten Ferien.
7 An seinen Onkel.
8 Für einen intelligenten Mann.
9 Um einen großen Politiker.
10 Über das schlechte Wetter.

6 Réponds selon le modèle :

a) *Denkst du an das Essen ? → Ja, ich denke daran.*

1 Erinnerst du dich an deine Kindheit ?
2 Interessierst du dich für Physik ?
3 Bereitest du dich aufs Examen vor ?
4 Diskutieren Sie über den letzten Film von Cameron Crowe ?
5 Kämpfen Sie gegen die Umweltverschmutzung ?

b) *Kümmert er sich um die Kinder ?*
→ Ja, er kümmert sich um sie.

6 Ärgert er sich über seine Tochter ?
7 Handelt es sich um Tom Cruise ?
8 Hat sie sich in Victor verliebt ?
9 Schreibst du an deine Oma ?
10 Hast du lange auf Flora gewartet ?

7 Comment dirais-tu ?

1 À quoi penses-tu ?
2 Qui attends-tu ?
3 À qui s'intéresse-t-il ?
4 De qui te moques-tu ?
5 De quoi s'agit-il ?
6 Les enfants ? Oui, je m'en occupe.
7 Le bac ? Oui, je m'y prépare.
8 Les vacances ? Oui, j'y pense.
9 Le climat ? Oui, je m'y habitue.
10 Toni ? Oui, il s'agit de lui.

8 Comment dirais-tu ?

1 J'attends que tu me téléphones.
2 Est-ce que tu te rappelles que tu dois aller à la poste ?
3 Elle s'étonne que les élèves allemands n'aient *(utilise l'indicatif)* pas d'école l'après-midi.
4 Je me réjouis que ce film ait *(indicatif)* du succès.
5 Je me rappelle qu'il m'a téléphoné la semaine dernière.

Verbes suivis d'une préposition + accusatif

Certains verbes introduisent leur complément par une préposition suivie de l'accusatif.

*Ich denke **an die** Ferien.*
*Sie wartet **auf den** Bus.*

an

denken (penser à)
(sich) erinnern (se rappeler)
sich gewöhnen (s'habituer à)
glauben (croire à)
schreiben (écrire à)
senden (envoyer à)
sich wenden (s'adresser à)

auf

antworten (répondre à)
aufpassen (faire attention à)
sich freuen (se réjouir de, à l'avance)
hoffen (espérer en)
reagieren (réagir à)
trinken (trinquer à)
sich verlassen (se fier à)
verzichten (renoncer à)
sich vorbereiten (se préparer à)
warten (attendre)

für
sich bedanken (remercier pour)
sich begeistern (s'enthousiasmer pour)
danken (remercier)
halten (tenir pour)
sich interessieren (s'intéresser à)
sorgen (prendre soin de)

gegen
kämpfen (lutter contre)

in
übersetzen (traduire en)
sich verlieben (tomber amoureux de)

um
sich kümmern (s'occuper de)
beneiden (envier)
bitten (prier de)
sich handeln (s'agir de)

über
sich ärgern (se fâcher contre)
sich aufregen (s'irriter de)
sich beklagen (se plaindre de)
diskutieren (discuter de)
sich freuen (se réjouir de)
herrschen (régner sur)
klagen (se plaindre de)
lachen (rire de)
sich lustig machen (se moquer de)
nachdenken (réfléchir à)
sprechen (parler de)
staunen (s'étonner de)
sich wundern (s'étonner de)

Interrogatifs et démonstratifs adverbiaux *wo-*, *da-*

***Woran** denkst du ? – **An** die Ferien ?*

*Ja, ich denke **daran**.* Oui, j'y pense.

Le pronom ***was*** ne peut pas être introduit par une préposition.
Il faut employer le pronom interrogatif composé.
Wo + préposition (ou ***wor-*** devant une voyelle)

Le démonstratif composé remplace le complément prépositionnel.

Da + préposition (ou ***dar-*** devant une voyelle)

➲ Pour les personnes, on ne peut pas employer les interrogatifs et démonstratifs adverbiaux. On utilise la préposition suivie du pronom personnel.

***An wen** denkst du ? – **An** deine Freundin ?*
*– Ja, ich denke **an sie**.*

*Ich warte **auf** dich.*

Le démonstratif adverbial peut annoncer une subordonnée.
*Ich warte **darauf**, dass du zurückkommst.*

30 Verbes + prépositions + datif

1 Ajoute la préposition manquante.

1 Wir sind um 7 Uhr .... der Stadt angekommen.
2 Man vergleicht ihn .... Beethoven.
3 Ich lade dich .... meinem Geburtstag ein.
4 Sie verdient kein Geld und hängt noch .... ihren Eltern ab.
5 Er träumt .... einem Bungalow am Waldrand.
6 Man erkennt ihn .... seiner komischen Frisur.
7 Die Wohnung besteht .... drei Zimmern.
8 Alle Freunde haben .... der Fete teilgenommen.
9 Er hat mir .... seiner Radtour am Rhein erzählt.
10 Ich gratuliere dir .... deinem Geburtstag.

2 Traduis les phrases ci-dessus.

3 Ajoute la préposition manquante et complète si nécessaire par la terminaison.

1 Was ist .... dein .... alten Schulfreund geworden ?
2 Der Fremde fragte mich .... d.............. Weg.
3 Wir haben gestern .... dein.............. Unfall gehört.
4 Ich habe heute Morgen .... d.............. Direktor telefoniert.
5 Unsere Reise hängt .... Wetter ab.
6 Morgen fangen wir .... d.............. Arbeit an.
7 Die Polizei zweifelt .... d.............. Ehrlichkeit des Mannes.
8 Dieser schwarze Rock passt .... d.............. weißen Pullover.
9 Er erschrak .... d.............. Hund.
10 Das Kind zitterte .... Kälte.

4 Traduis les phrases ci-dessus.

5 Complète les questions et les réponses.

1 .... schützt er sich ? .... der Sonne.
2 .... bist du fertig ? .... meiner Arbeit.
3 .... träumt sie ? .... Ferien in Hawai.
4 .... haben Sie gesprochen ? .... deutschen Musikern.
5 .... haben die Kinder teilgenommen ? .... der Reportage.
6 .... hat man begonnen ? .... dem Bau des Stadions.
7 .... wurde er verglichen ? .... Shakespeare.
8 .... hast du ihn erkannt ? .... seiner Stimme.
9 .... hat er Angst ? .... dem Mathelehrer.
10 .... hat sie erzählt ? .... ihren Verwandten aus Leipzig.

indice *Le démonstratif adverbial ne peut s'utiliser que pour les choses.*

6 Comment dirais-tu ?

1 Il m'a demandé le chemin de la gare *(zum Bahnhof)*.
2 As-tu déjà entendu parler de Worpswede ?
3 Je suis persuadé de sa bonne volonté.
4 Nous te félicitons pour ton anniversaire.
5 Par quoi commençons-nous ?
6 Il a longtemps rêvé de ce voyage.
7 Nous sommes arrivés à 4 heures dans la vieille ville.
8 Qu'est-il advenu de lui ?
9 De qui parles-tu ?
10 Ce T-Shirt va bien avec ton jean.

7 Complète.

1 Er ist sein............. Freund begegnet.
2 Hast du d............. Lehrer gedankt ?
3 Schau nur d............. Mechaniker zu !
4 Philip gratuliert sein............. Freundin zum Geburtstag.
5 Carolin konnte ihr............. Eltern nicht glauben.

■ Verbes suivis d'une préposition + datif

Certains verbes introduisent leur complément par une préposition suivie du datif :

- ***an***

erkennen (reconnaître à)
teilnehmen (participer à)
zweifeln (douter de)

- ***aus***

bestehen (se composer de)
schließen (conclure de)
werden (advenir de)

- ***in***

absteigen (descendre dans un hôtel)
ankommen (arriver à)

- ***mit***

anfangen (commencer par)
beginnen (commencer par)
fertig sein (avoir fini)
telefonieren (téléphoner à)
vergleichen (comparer à)

- ***nach***

fragen (demander, s'enquérir de)
schmecken (avoir le goût de)

- ***von***

abhängen (dépendre de)
erzählen (parler de)
hören (entendre parler de)
sprechen (parler de)
träumen (rêver de)
überzeugen (persuader de)

• ***vor***

Angst haben (avoir peur de)
erschrecken (avoir peur de)
sich fürchten (avoir peur de, craindre)
schützen (protéger de)
weinen (pleurer de)
zittern (trembler de)

• ***zu***

einladen (inviter à)
sich entschließen (se décider à)
gehören (appartenir à)
gratulieren (féliciter pour)
passen (bien aller avec)
zwingen (obliger à)

Verbes suivis d'un complément au datif

begegnen (rencontrer)
danken (remercier)
folgen (suivre)
glauben (croire)
gratulieren (féliciter)
helfen (aider)
leid tun (regretter)
sich nähern (s'approcher de)
zuhören (écouter)
zusehen (regarder faire)
zuschauen (regarder faire)

La particule ***zu*** (ainsi que ***bei-***, ***entgegen-***, ***nach-***) entraîne le datif. Les listes ci-dessus regroupent les verbes les plus courants.

Les verbes irréguliers (forts)

Base verbale	Présent	Prétérit	Parfait	Traduction
***an**fangen*	*du fängst... an, er fängt ... an*	*er fing ... an*	*er hat ... angefangen*	commencer
***an**halten*	*du hältst... an, er hält ... an*	*er hielt ... an*	*er hat ... angehalten*	s'arrêter
***an**ziehen*		*er zog ... an*	*er hat ... angezogen*	mettre un vêtement
aufstehen		*er stand ... auf*	*er ist ... aufgestanden*	se lever
backen	*du bäckst, er bäckt*	*er backte*	*er hat ... gebacken*	cuire au four
befehlen	*du befiehlst, er befiehlt*	*er befahl*	*er hat ... befohlen*	ordonner
beginnen		*er begann*	*er hat ... begonnen*	commencer
begreifen		*er begriff*	*er hat ... begriffen*	comprendre
bekommen		*er bekam*	*er hat ... bekommen*	recevoir
betreten	*du betrittst, er betritt*	*er betrat*	*er hat ... betreten*	entrer (dans)
biegen		*er bog*	*er ist ... gebogen*	tourner
bitten		*er bat*	*er hat ... gebeten*	demander (prier de)
bleiben		*er blieb*	*er ist ... geblieben*	rester
brechen	*du brichst, er bricht*	*er brach*	*er hat ... gebrochen*	casser
***ein**laden*	*du lädst... ein, er lädt... ein*	*er lud... ein*	*er hat ... eingeladen*	inviter
empfangen	*du empfängst, er empfängt*	*er empfing*	*er hat ... empfangen*	recevoir
entscheiden		*er entschied*	*er hat ... entschieden*	décider
erfahren	*du erfährst, er erfährt*	*er erfuhr*	*er hat ... erfahren*	apprendre (nouvelle)
essen	*du isst, er isst*	*er aß*	*er hat ... gegessen*	manger
fahren	*du fährst, er fährt*	*er fuhr*	*er ist ... gefahren*	aller (véhicule)
fallen	*du fällst, er fällt*	*er fiel*	*er ist ... gefallen*	tomber
finden		*er fand*	*er hat ... gefunden*	trouver
fliegen		*er flog*	*er ist ... geflogen*	voler
geben	*du gibst, er gibt*	*er gab*	*er hat ... gegeben*	donner
gefallen	*du gefällst, er gefällt*	*er gefiel*	*er hat ... gefallen*	plaire
gehen		*er ging*	*er ist ... gegangen*	aller
gelingen		*es gelang*	*es ist ... gelungen*	réussir
geschehen	*es geschieht*	*es geschah*	*es ist ... geschehen*	se passer
gewinnen		*er gewann*	*er hat ... gewonnen*	gagner
gleiten		*er glitt*	*er ist ... geglitten*	glisser
halten	*du hältst, er hält*	*er hielt*	*er hat ... gehalten*	tenir, s'arrêter
hängen		*er hing*	*er hat ... gehangen*	être accroché
heben		*er hob*	*er hat ... gehoben*	lever
heißen		*er hieß*	*er hat ...geheißen*	s'appeler
helfen	*du hilfst*	*er half*	*er hat ... geholfen*	aider
kommen		*er kam*	*er ist ... gekommen*	venir
lassen	*du lässt, er lässt*	*er ließ*	*er hat ... gelassen*	laisser, faire + inf.
laufen	*du läufst, er läuft*	*er lief*	*er ist ... gelaufen*	courir
leihen		*er lieh*	*er hat ... geliehen*	louer, emprunter
lesen	*du liest, er liest*	*er las*	*er hat ... gelesen*	lire
liegen		*er lag*	*er hat ... gelegen*	être (couché / posé)
lügen		*er log*	*er hat ... gelogen*	mentir
nehmen	*du nimmst, er nimmt*	*er nahm*	*er hat ... genommen*	prendre
raten	*du rätest, er rät*	*er riet*	*er hat ... geraten*	devenir, conseiller
reiten		*er ritt*	*er ist ... geritten*	monter à cheval
rufen		*er rief*	*er hat ... gerufen*	appeler
scheinen		*er schien*	*er hat ... geschienen*	briller, sembler
schieben		*er schob*	*er hat ... geschoben*	pousser (qq chose)
schießen		*er schoss*	*er hat ... geschossen*	tirer (football)
schlafen	*du schläfst, er schläft*	*er schlief*	*er hat ... geschlafen*	dormir

Les verbes irréguliers (forts)

Base verbale	Présent	Prétérit	Parfait	Traduction
schneiden		*er schnitt*	*er hat ... geschnitten*	couper
schreiben		*er schrieb*	*er hat ... geschrieben*	écrire
schreien		*er schrie*	*er hat ... geschrien*	crier
schweigen		*er schwieg*	*er hat ... geschwiegen*	se taire
schwimmen		*er schwamm*	*er ist ... geschwommen*	nager
sehen	*du siehst, er sieht*	*er sah*	*er hat ... gesehen*	voir
singen		*er sang*	*er hat ... gesungen*	chanter
sinken		*er sank*	*er ist ... gesunken*	s'enfoncer
sitzen	*du sitzt, er sitzt*	*er saß*	*er hat ... gesessen*	être assis
sprechen	*du sprichst, er spricht*	*er sprach*	*er hat ... gesprochen*	parler
springen		*er sprang*	*er ist ... gesprungen*	sauter
stehen		*er stand*	*er hat ... gestanden*	être (debout)
steigen		*er stieg*	*er ist ... gestiegen*	monter
sterben	*du stirbst, er stirbt*	*er starb*	*er ist ... gestorben*	mourir
stoßen	*du stößt, er stößt*	*er stieß*	*er hat ... gestoßen*	pousser
streiten (sich)		*er stritt sich*	*er hat sich ... gestritten*	se disputer
tragen	*du trägst, er trägt*	*er trug*	*er hat ... getragen*	porter
treffen	*du triffst, er trifft*	*er traf*	*er hat ... getroffen*	rencontrer
treiben		*er trieb*	*er hat ... getrieben*	pratiquer (sport)
tretten	*du trittst, er tritt*	*er tratt*	*er is ... getreten*	entrer
trinken		*er trank*	*er hat ... getrunken*	boire
tun		*er tat*	*er hat ... getan*	faire
unterscheiden		*er unterschied*	*er hat ... unterschieden*	distinguer
verbieten		*er verbot*	*er hat ... verboten*	interdire
vergessen	*du vergisst, er vergisst*	*er vergaß*	*er hat ... vergessen*	oublier
vergleichen		*er verglich*	*er hat ... verglichen*	comparer
verlieren		*er verlor*	*er hat ... verloren*	perdre
verschwinden		*er verschwand*	*er ist ... verschwunden*	disparaître
verstehen		*er verstand*	*er hat ... verstanden*	comprendre
***vor**schlagen*	*du schlägst ... vor, er schlägt ...vor*	*er schlug ... vor*	*er hat ... vorgeschlagen*	proposer
waschen	*du wäschst, er wäscht*	*er wusch*	*er hat ... gewaschen*	laver
werden	*du wirst, er wird*	*er wurde*	*er ist ... geworden*	devenir
werfen	*du wirfst, er wirft*	*er warf*	*er hat ... geworfen*	lancer
ziehen		*er zog*	*er hat ... gezogen*	tirer
zwingen		*er zwang*	*er hat ... gezwungen*	contraindre

Base verbale	Présent	Prétérit	Parfait	Traduction
brennen		*er brannte*	*er hat ... gebrannt*	brûler
bringen		*er brachte*	*er hat ... gebracht*	apporter
denken		*er dachte*	*er hat ... gedacht*	penser
kennen		*er kannte*	*er hat ... gekannt*	connaître
nennen		*er nannte*	*er hat ... genannt*	nommer
rennen		*er rannte*	*er ist ... gerannt*	courir
senden		*er sandte*	*er hat ... gesandt*	envoyer
verbringen		*er verbrachte*	*er hat ... verbracht*	passer (le temps)
wenden (sich)		*er wandte sich*	*er hat sich ... gewandt*	s'adresser
wissen	*du weißt, er weiß*	*er wusste*	*er hat ... gewusst*	savoir

1 Les différents types de phrases

1 **1** bin. **2** ist. **3** ist. **4** Guten/bin. **5** ist. **6** spielt. **7** spielen. **8** wohne. **9** wohnt. **10** hat.

2 **1** Das Foto ist super. **2** Er heißt Thomas. **3** Axel lernt Deutsch. **4** Sein Name ist Tom. **5** Susanne wohnt in Berlin. **6** Sie spielt Tennis. **7** Frau Sold hat eine Katze. **8** Das ist Sonia.

3 **1** Hier ist Katja. **2** Heute ist Sonntag. **3** Jetzt essen wir. **4** Hier wohnen Axel und Florian. **5** Da kommt Lisa. **6** Morgen spiele ich Volley-Ball. **7** Am Abend ist es kalt. **8** „Grüß Gott", sagt Stefan. **9** Im Süden ist das Wetter schön. **10** Am Mittwoch spielen wir mit dem Computer.

4 **1** Ist er jung ? **2** Heißt sie Julia ? **3** Hast du Geld ? **4** Kostet es drei Euro ? **5** Ist Berlin groß ? **6** Spricht sie Deutsch ? **7** Zählst du bis 10 ? **8** Ist der Fotograf gut ? **9** Bist du doof ? **10** Müssen wir nach Hause ?

5 **1** Wie heißt du ? **2** Was ist los ? **3** Wo wohnst du ? **4** Was kauft Natascha ? **5** Wer geht in die Disco ? **6** Wie alt ist er ? **7** Warum kommst du nicht ? **8** Wer fotografiert die Giraffe ? **9** Wie ist das Wetter ? **10** Wie viel Kinder hat Familie Carsten ?

6 **1** Wie alt bist du ? **2** Wie heißt sie ? **3** Was ist das ? **4** Wie viel Uhr ist es ? **5** Wo wohnt ihr ?/Wo wohnen Sie ? **6** Wer kommt da ? **7** Wie ist das Wetter ? **8** Wie ist dein Name ? **9** Was ist das ? **10** Wann kommst du ?/Wer kommt morgen ?

7 **1** Wie alt bist du ? **2** Wie heißt du ? **3** Was ist los ? **4** Was kostet es ? **5** Wo wohnst du ? **6** Wie viel Uhr/Wie spät ist es ? **7** Wann kommst du ? **8** Was willst du ? **9** Wer ruft an ? **10** Sprichst du Deutsch ?

8 **1** Arno ist krank und kann nicht kommen. **2** Ingrid ist intelligent, aber sie arbeitet nicht genug. **3** Ich muss jetzt weggehen, denn ich habe wenig Zeit. **4** Du bleibst hier oder du kommst mit ? **5** Axel wird das Abitur schaffen, denn er ist fleißig.

9 **1** Die Postleitzahl von Hamburg habe ich leider nicht. **2** Am 3. Oktober 1990 wurde Deutschland vereinigt. **3** Eines Tages erschien ein junger Mann in der Stadt. **4** Weil es eine rote Kappe trug, wurde das Mädchen Rotkäppchen genannt. **5** Am Anfang hat er nichts gesagt. **6** Am ersten Tag haben wir die Altstadt besichtigt. **7** Ganz plötzlich wurde es ruhiger in der Klasse. **8** Als wir in Frankfurt ankamen, regnete es. **9** Schon am Anfang wollten die Jungen nicht mitspielen. **10** Wenn das Wetter schön ist, gehe ich gern ins Schwimmbad.

10 **1** Guten Tag, ich heiße Karin. **2** Da kommen Toni und Silvana. **3** Heute spielen wir Tennis. **4** Thomas wohnt in Berlin. **5** Wo wohnst du ? **6** Jetzt sprechen wir Deutsch. **7** Am Abend ist es kalt. **8** Wohin gehst du ? **9** Er möchte ein Eis. **10** Was kauft sie ?

11 **1** F : Er will eine Katze, aber seine Mutter will nicht. **2** J. **3** F : Julia bleibt im Bett, denn sie ist krank. **4** J. **5** F : Sie kauft den Walkman nicht, denn er ist zu teuer. **6** F : Heute gehen wir ins Schwimmbad. **7** J. **8** F : Ja, ich habe einen Hund. **9** J. **10** F : Nächsten Monat machen wir eine Klassenfahrt.

12 **1** Nein, das ist kein Füller. **2** Nein, das ist kein Film mit Brad Pitt. **3** Nein, er hat keinen BMW. **4** Nein, sie trinkt keine Cola. **5** Nein, das ist kein Buch für Kinder.

13 **1** Nein, das ist kein Bier. **2**. Nein, er hat kein Geld. **3** Nein, sie hat keine Kinder. **4** Nein, er will keine Kartoffeln. **5** Nein, wir haben keine Zeit.

14 **1** Nein, ich bin nicht hungrig. **2** Nein, ich kaufe diesen Pulli nicht. **3** Nein, er fährt nicht nach Berlin. **4** Nein, er hat die Theaterkarten nicht bekommen. **5** Nein, sie kann nicht in Ferien fahren.

15 **1** Nein, er geht nicht in die Schule. **2** Nein, ich habe keine Lust auf eine Radtour. **3** Nein, ich kenne diese Leute nicht. **4** Nein, sie ist nicht nett zu Sven. **5** Nein, ich trinke keinen Rotwein. **6** Nein, er geht nicht auf die Uni. **7** Nein, ich kaufe diese Schuhe nicht. **8** Nein, er findet sein Portemonnaie nicht. **9** Nein, er hat keine Verspätung. **10** Nein, ich habe ihn nicht unterschrieben.

2 Place du verbe dans les subordonnées

1 **1** Jens sagt, dass er Jens heißt.
2 Jens sagt, dass er in Berlin wohnt.
3 Jens sagt, dass er 12 Jahre alt ist.
4 Jens sagt, dass er zwei Brüder hat.
5 Jens sagt, dass er gern Volley-Ball spielt.
6 Jens sagt, dass die Schule supermodern ist.
7 Jens sagt, dass die Lehrer nett sind.
8 Jens sagt, dass die Klassenkameraden super sind.
9 Jens sagt, dass Berlin eine schöne Stadt ist.
10 Jens sagt, dass er nach Paris fahren möchte.

2 **1** Steffi fragt, ob das Foto interessant ist.
2 Steffi fragt, ob er Hunger hat.
3 Steffi fragt, ob Armin in München wohnt.
4 Steffi fragt, ob Monika einen Job hat.
5 Steffi fragt, ob Alex ein Eis essen möchte.
6 Steffi fragt, ob Omi ein Foto machen will.
7 Steffi fragt, ob Petra blond ist.
8 Steffi fragt, ob die Kinder in die Schule gehen.
9 Steffi fragt, ob Cola dick macht.
10 Steffi fragt, ob Sven surfen kann.

3 **1** ob. **2** ob. **3** dass. **4** ob. **5** dass. **6** ob. **7** ob. **8** ob. **9** dass.
10 ob.

4 **1** c. **2** d. **3** e. **4** b. **5** a.

5 **1** Ich kann nicht kommen, weil ich Schule habe.
2 Er will Kartoffelsalat, weil er hungrig ist.
3 Stefan ist in einer Schüler-Clique, weill es ihm Spass macht.
4 Die Eltern kommen mit, weil sie Zeit haben.
5 Sie mögen Wien, weil es eine tolle Stadt ist.

6 **1** Stefanie sagt, sie spielt gern Federball.
2 Die Eltern meinen, wir sehen zu viel fern.
3 Sie finden, das Foto ist klasse.
4 Ich denke, wir müssen sofort in die Schule gehen.
5 Die Lehrerin weiß, das Mädchen kann noch nicht lesen.

7 **1** Er sagt, dass er ein guter Tennisspieler ist.
2 Steffi hofft, dass sie Computerspiele machen darf.
3 Die Verkäuferin findet, dass der Mantel zu kurz ist.
4 Der Lehrer meint, dass sie besser arbeiten kann.
5 Sein Freund denkt, dass er schon weggegangen ist.

8 **1** Der Vater fragt, wer Computerspiele macht.
2 Der Vater fragt, wo Kai wohnt.
3 Der Vater fragt, wann Max nach Hause kommt.
4 Der Vater fragt, wen Hilke anruft.
5 Der Vater fragt, wohin die Kinder heute Abend gehen.
6 Der Vater fragt, wie lange Katherina in Deutschland geblieben ist.
7 Der Vater fragt, ob er in sein Handy tippt.
8 Der Vater fragt, wem Martina die Aufgabe gegeben hat.
9 Der Vater fragt, welchen Tag wir heute haben.
10 Der Vater fragt, ob das Wetter schön ist.

9 **1** Maria sagt, dass das Foto super ist.
2 Ich weiß, dass er in Bonn wohnt.
3 Axel fragt, ob du Deutsch sprichst.
4 Er bleibt im Bett, weil er krank ist.
5 Max findet, dass der Kuchen zu klein ist.
6 Er weiß nicht, dass Steffi Geld hat.
7 Andreas fragt, ob wir zu Hause bleiben.
8 Isabel kann nicht kommen, weil sie Schule hat.
9 Weißt du, ob er Gitarre spielt ?

10 **1** er ist krank.
2 er krank ist.
3 ist er krank.
4 er krank ist.
5 er krank ist.
6 er krank ist.
7 ist er krank ?
8 ist er krank.
9 er ist krank.
10 ist er krank.

3 Les mots interrogatifs

1 **1** Wer wohnt in Bonn ? **2** Was kauft Thomas ? **3** Wo arbeitet Melanie ? **4** Woher kommt Fräulein Kioko ? **5** Wo ist Katja ? **6** Was ist Frau Streuber ? **7** Wo ist Patricia ? **8** Wer spielt Volley-Ball ? **9** Woher kommt Christine ? **10** Wer will einen Walkman kaufen ?

2 **1** Wie ist Muttis Mantel ? **2** Wie alt ist Agnes ? **3** Wie viel Kinder hat Frau Hartmann ? **4** Wie ist Fräulein Keller ? **5** Wie viel Uhr ist es ? **6** Wohin gehen die Schüler um eins ? **7** Wohin fährt Elke morgen ? **8** Wie viel ist 2 + 2 ? **9** Was möchte ich essen ? **10** Wie ist mein/dein Zimmer ?

3 **1** Welche Stadt. **2** Welches Buch. **3** Welches Land. **4** Welches T-Shirt ? **5** Welche Musik ? **6** Welche. **7** Welchen. **8** Welche. **9** Welche. **10** Welchen.

4 **1** Wo wohnt Nadine ? **2** Wo bleibt Agnes ? **3** Woher kommt Herr Tonini ? **4** Wo arbeitet Mutti ? **5** Wohin geht Jan ? **6** Wo schläft die Katze ? **7** Wo liegt Hamburg ? **8** Wohin fährt Frau Maier ? **9** Woher kommt Christiane ? **10** Wo liegt Frankfurt ?

5 **1** Wer spielt Tennis ? **2** Wen interviewt der Moderator ? **3** Wen möchte Jan fotografieren ? **4** Wem bringt Helene ein Kätzchen ? **5** Wem zeigt er seinen CD-Spieler ? **6** Wen will Mutti rufen ? **7** Wer arbeitet bei einem Freund ? **8** Wem gefallen deine neuen Schuhe nicht ? **9** Wem gehört der Walkman ? **10** Wo ruft sie an ?

6 **1** Wann möchte Steffi ins Kino gehen ? **2** Wie lange hat Bernd in Berlin gearbeitet ? **3** Wie oft fahren die Züge ? **4** Wann haben wir einen guten Film gesehen ? **5** Wie oft besucht Thomas seine Großeltern ? **6** Wie lange hat Astrid auf den Bus gewartet ? **7** Wann will Michael Nadine besuchen ? **8** Wie oft hat Jan Deutsch ? **9** Wie oft bringt Thomas den Mülleimer raus ? **10** Wann kommen die Gäste ?

7 **a)** **1** Woran. **2** Worüber. **3** Womit. **4** Wovon. **5** Wovon.

b) **6** Wofür interessierst du dich ? **7** Worum handelt es sich ? **8** Womit beginnen wir ? **9** Wovon sprechen sie ? **10** Worauf wartest du ?

4 Les éléments du groupe verbal

1 **1** Wir sind immer hungrig. **2** Die Sekretärin ist müde. **3** Die Katze ist nicht krank. **4** Meine Oma ist immer nett. **5** Axel ist nicht sportlich.

2 **1** Sonja ist bei Birgit. **2** Wir gehen nicht zu Frau Wagner. **3** Ich arbeite nicht zu Hause. **4** Die Kinder sind jetzt bei Oma. **5** Tante Gerda geht nicht nach Hause.

3 **a)** **1** hole. **2** fliegt. **3** komme. **4** gehen. **5** ruft.

b) 1 kommt... zurück. **2** decken... ab. **3** ziehen... um. **4** packt... aus. **5** stellt... vor.

4 **1** in die Disco gehen. **2** nach Hause gehen. **3** um 12 Uhr 30 essen. **4** den Tisch abdecken. **5** Oliver mitnehmen.

5 **a)** **1** Ja, ich komme mit. **2** Ja, ich mache sie auf. **3** Ja, ich räume es auf. **4** Ja, ich mache es aus. **5** Ja, ich nehme ihn mit.

b) **6** Er will nicht aufstehen. **7** Sie will nicht anfangen. **8** Er will sich nicht umziehen. **9** Sie will nicht nachdenken. **10** Sie will sich nicht vorstellen.

6 **1** Ich glaube, dass Adelin krank ist. **2** Ich glaube, dass sie jetzt fertig ist. **3** Ich glaube, dass Frau Spitz heute krank ist. **4** Ich glaube, dass Tobias sehr nett ist. **5** Ich glaube, dass mein Onkel immer froh ist.

8 **a)** **1** Er sagt, dass Rainers umziehen. **2** Er sagt, dass Christof Jens anruft. **3** Er sagt, dass die Kinder zu viel fernsehen. **4** Er sagt, dass der Winter bald zurückkommt. **5** Er sagt, dass sie Marco am Bahnhof abholt.

b) **6** Ich weiß nicht, ob er morgen zurückkommt. **7** Ich weiß nicht, ob Patricia aufpasst. **8** Ich weiß nicht, ob sie um 7 Uhr aufsteht. **9** Ich weiß nicht, ob die Schule nächste Woche anfängt. **10** Ich weiß nicht, ob das Taxi jetzt ankommt.

9 **1** Ja, Boris ist super.
2 Ja, Alkohol macht nervös.
3 Ja, die Kinder sehen zu viel fern.
4 Ja, das Taxi kommt bald an.
5 Ja, Christian will Agnes anrufen.

10 **1** Er sagt, dass Christine ins Kino gehen will.
2 Er sagt, dass Frau Klein bei der Lufthansa arbeitet.
3 Er fragt, ob die Schule nächste Woche anfängt.
4 Er sagt, dass Sabrina jeden Tag in Internet surft.
5 Er fragt, ob der Film interessant ist.

11 **1** ab. **2** mit. **3** an. **4** auf. **5** an. **6** fern. **7** aus. **8** an. **9** mit. **10** auf.

5 Le présent de l'indicatif

1 **1** habe. **2** bist. **3** seid. **4** sind. **5** habt. **6** haben. **7** werden. **8** sind. **9** seid. **10** wird.

2 **1** mache. **2** spielt. **3** rufen. **4** lernst. **5** suchen. **6** kaufen. **7** heißt. **8** bleibt. **9** singt. **10** kommst.

3 **1** fährt. **2** schlafen. **3** trägt. **4** fällt. **5** fangt ... an. **6** gefällt. **7** läuft. **8** läßt. **9** laden ... ein. **10** bäckt.

4 **1** nimmt ... mit. **2** gibst. **3** ißt. **4** lesen. **5** sieht an. **6** hilft. **7** spricht. **8** wirft. **9** wird. **10** frißt.

5 **1** gibt. **2** schläfst. **3** weiß. **4** ißt. **5** trägt. **6** vergißt. **7** frißt. **8** wisst. **9** seht. **10** hilfst.

6 **1** wartet. **2** antwortet. **3** findest. **4** arbeitet. **5** zeichnet.

7 **1** Nadine und Patrizia, ihr wartet draußen !
2 Max findet sein Buch nicht.
3 Weißt du, wo Sven arbeitet ?
4 Der Architekt zeichnet ein Haus.
5 Ich finde mein Deutschheft nicht.

8 **1** 1 Ich freue mich. **2** Tom setzt sich. **3** Wir waschen uns. **4** Er legt sich auf das Sofa. **5** Die Kinder freuen sich auf die Ferien. **6** Nun müsst ihr euch beeilen. **7** Drei Schüler streiten sich. **8** Du kannst dich setzen. **9** Die Frau wendet sich an die Verkäuferin. **10** Markus versteckt sich hinter den Baum.

6 L'impératif

1
1 Komm !
2 Geh !
3 Schlaf !
4 Bring !
5 Trink !
6 Schau !
7 Spiel !
8 Hör !
9 Lern !
10 Spring !

2
1 Kommt !
2 Geht !
3 Schlaft !
4 Bringt !
5 Trinkt !
6 Schaut !
7 Spielt !
8 Hört !
9 Lernt !
10 Springt !

3
1 Kommen Sie !
2 Gehen Sie !
3 Schlafen Sie !
4 Bringen Sie !
5 Trinken Sie !
6 Schauen Sie !
7 Spielen Sie !
8 Hören Sie !
9 Lernen Sie !
10 Springen Sie !

4
1 komm.
2 nehmen Sie.
3 schau.
4 deckt.
5 kommen Sie.
6 nimm.
7 bringt.
8 holt.
9 gib.
10 Schreiben Sie.

5
1 komm.
2 kauft.
3 hilf.
4 nimm.
5 kommen.
6 gib.
7 macht.
8 bring.
9 nehmen.
10 Holen.

7 Les verbes de modalité

1 **1** ich / er / sie / es. **2** du. **3** ihr. **4** ihr. **5** ich / er / sie / es. **6** ich / er / sie / es. **7** ich / er / sie / es. **8** wir / sie. **9** ich / er / sie / es. **10** du.

2 **1** kann. **2** darfst. **3** müssen. **4** sollt. **5** wollen. **6** mag. **7** darf. **8** will. **9** magst. **10** darf.

3 **1** weiß. **2** weißt. **3** wissen. **4** wisst. **5** wissen. **6** weiß. **7** weiß. **8** weiß. **9** wissen. **10** wissen, wissen.

4 **a.** **1** kann. **2** darf. **3** darf. **4** kannst. **5** kann.
b. **6** muss. **7** soll. **8** müssen. **9** soll. **10** muss.

5 **1** Ich kann nicht kommen. **2** Agnes will einen Kuchen backen. **3** Darfst du auf die Party gehen ? **4** Du musst dir die Hände waschen. **5** Der Hund darf nicht in den Tennisclub gehen. **6** Soll ich das Fenster aufmachen ? **7** Er mag nicht früh ins Bett gehen. **8** Ich will Jürgen einladen. **9** Sie muß mit dem Bus fahren. **10** Er will einen Pullover anziehen.

6 **1** darf. **2** müssen. **3** muss. **4** soll. **5** müssen. **6** soll. **7** darf. **8** muss. **9** darf. **10** müssen.

7 **1** muss. **2** darf. **3** kann. **4** soll. **5** wollen. **6** möchte. **7** mögen. **8** muss. **9** mag. **10** dürfen.

8 **1** Ich darf fernsehen. **2** Ich mag Limodade. **3** Ich soll Brot holen. **4** Das Kind kann schreiben. **5** Ich muss in die Schule. **6** Ich möchte ein Eis. **7** Ich darf nicht ins Kino. **8** Ich bin krank, ich muss im Bett bleiben. **9** Mein Opa will einen Wagen kaufen. **10** Ich möchte Pommes.

8 Le prétérit

1 **1** Thomas war müde. **2** Sie hatte Fieber. **3** Das Wetter wurde kalt. **4** Waren Sie zu Hause ? **5** Wo warst du denn ? **6** Wart ihr in Hamburg ? **7** Katja wurde ganz rot. **8** Du hattest doch die Telefonnummer. **9** Ich hatte keine Zeit. **10** Die Polizei war schon da.

2 **a)** **1** war. **2** hatte. **3** wurde. **4** Wart. **5** waren.
b) **6** war. **7** wurde. **8** hattet. **9** Warst. **10** waren.

3 **1** Ich spielte Handball. **2** Kerstin machte das Essen. **3** Jens hörte Musik. **4** Die Kinder kauften ein Eis. **5** Wir fotografierten das Rathaus. **6** Sie zeigte mir die Stadt. **7** Wohntet ihr in München ? **8** Was repariertest du ? **9** 1989 öffnete man die Mauer. **10** Herr Sold rauchte zu viel.

4 **1** Ich musste zurückgehen. **2** Er durfte nicht rauchen. **3** Herr Wagner konnte nicht kommen. **4** Wir sollten immer schön schreiben. **5** Er mochte keinen Fisch. **6** Der Autofahrer wollte zurückfahren. **7** Musstet ihr umsteigen ? **8** Sollte ich alles erzählen ? **9** Mit vier Jahren konnte er schon lesen. **10** Wolltet ihr eine Cola ?

5 **1** Er kam zu früh. **2** Wir gingen ins Kino. **3** Sie stand um 7 Uhr auf. **4** Er schrieb Texte und Melodien. **5** Sie flog nach Tokio. **6** Ich wusste es nicht. **7** Sie sang in einem Mädchenband. **8** Was bekam sie zum Geburtstag ? **9** Sie schlief gegen 22 Uhr ein. **10** Er saß den ganzen Tag am Computer.

6 **1** Er trat langsam ins Zimmer. **2** Die Kinder schwiegen jedesmal, wenn der Lehrer leise sprach. **3** Was tat er ? **4** Im Juli zogen wir nach München. **5** Die Uhr schlug zwölf. **6** Max verlor immer viel Zeit. **7** Ich ging jeden Tag mit meinem Hund spazieren. **8** Wann fingst du mit dem Artikel an ? **9** Das Kind erschrak vor dem Hund. **10** Das Baby kroch auf allen vieren. **11** Der Dieb griff schnell nach der Halskette.

7 Il faut rayer :

1 legte. **2** setzten. **3** hing. **4** stellte. **5** lag. **6** saßen. **7** hängte. **8** setzte. **9** stand. **10** legte.

8 **1** Er las gern Krimis. **2** Er ließ seinen Hund draußen. **3** Max dachte nur ans Essen. **4** Er dankte ihm für das schöne Geschenk. **5** Wir fuhren schnell nach Hause. **6** Sie führte uns bis zur Altstadt. **7** Ich konnte nicht kommen. **8** Wir kannten seine Adresse nicht. **9** Er bat mich um Feuer. **10** Der Supermarkt bot eine reiche Auswahl.

9 kam, trug, schleppte, hatte, aussah, erlaubten, räumte, sah, lächelte, streichelte, half, strich, fühlte, richtete, hängte, stellte, nagelte, ass, schlief.

10 **1** Musstet ihr zu Hause bleiben ? **2** Du fielst durch deine komische Frisur auf. **3** Sie unterhielten sich vor dem Gymnasium. **4** Er bat mich um Hilfe. **5** Dieser kranke Mann tat mir Leid. **6** Plötzlich riss er sich los. **7** Der Junge spazierte einfach hin und her. **8** Was sie redete, verstand ich nicht. **9** Kanntet ihr seinen Namen ? **10** Er entschloß sich wegzugehen.

11 **1** lud... ein. **2** legte... auf. **3** schob. **4** klang. **5** geschah.

12 **1** Früher war es viel schöner. **2** Früher gab es keinen Stress. **3** Früher war das Wasser nicht verschmutzt. **4** Früher hatten die Leute Zeit. **5** Früher konnte man leicht einen Ferienjob finden. **6** Früher hatten die Leute ihre Ruhe. **7** Früher nach dem Abendessen unterhielten sich Eltern und Kinder zusammen. **8** Früher führten die Frauen ein häusliches Leben. **9** Früher verdiente man Geld genug. **10** Früher war Geld nicht so wichtig.

13 **1 e** Er legte sich ins Bett und schlief bald ein.
2 d Bettina war traurig, weil ihre Freundin nicht da war.
3 a Das Foto war nicht super, denn Anne hatte einen alten Fotoapparat.
4 b Wir waren im November und es wurde schnell kalt.
5 c Wenn die Kinder ins Bett gingen, erzählte ihnen die Mutter eine Gute-Nacht-Geschichte.

9 Le parfait (1)

1 **1** gelernt. **2** gemacht. **3** gekauft. **4** gezeigt. **5** gesagt. **6** geantwortet. **7** gehört. **8** gelacht. **9** gespielt. **10** gearbeitet.

2 **1** gemacht. **2** gedeckt. **3** gezeigt. **4** gesagt. **5** gefragt. **6** gewohnt. **7** gearbeitet. **8** gelernt. **9** gespielt. **10** geantwortet.

3 **1** hat. **2** haben. **3** hat. **4** haben. **5** habt. **6** sind. **7** sind. **8** bin. **9** ist. **10** sind.

4 **1** gekommen.
2 gegangen.
3 gesehen.
4 genommen.
5 geholfen.
6 gesprochen.
7 gesprungen.
8 gefunden.
9 gegeben.
10 gelesen.
11 geblieben.
12 gegessen.
13 getragen.
14 gesungen.
15 geschrieben.
16 gefallen.
17 gefahren.
18 gewesen.
19 geflogen.
20 geworden.

5 **a)** **1** gegangen. **2** gespielt. **3** gefrühstückt. **4** geblieben. **5** gewesen.

b) **1** gemacht. **2** geworden. **3** gegessen. **4** gekommen. **5** gefeiert.

6 **1** gestellt.
2 gerufen.
3 gelegen.
4 gelebt.
5 geworden.
6 gefahren.
7 gelacht.
8 gewartet.
9 gewußt.
10 geglaubt.
11 gestartet.
12 gekauft.
13 gemeint.
14 gehalten.
15 geschrieben.
16 geantwortet.
17 gerechnet.
18 gesessen.
19 geübt.
20 gelaufen.

7 **1** Gegen 12 Uhr sind wir in ein Café gegangen.
2 Wir haben im Stadtzentrum zu Mittag gegessen.
3 Diese Stadt hat mir sehr gefallen.
4 Der Himmel ist grau geworden.
5 Ich habe es nicht gewusst.
6 Dann hat sie sich an eine Verkäuferin gewandt.
7 Viele sind in den Westen geflohen.
8 Wie oft bist du nach Deutschland gefahren ?
9 Jens ist zwei Kilometer weit gelaufen.
10 Er hat eine Stunde vor der Tür gestanden.

8 **1** Patrizia hat oft an die Ferien gedacht.
2 Hast du ihm für seinen Brief gedankt ?
3 Er hat seinen Hund draußen im Garten gelassen.
4 Im Deutschunterricht haben wir einen Krimi gelesen.
5 Nach dem Essen hat er sich die Hände gewaschen.
6 In der Sonne sind die Pflanzen schneller gewachsen.
7 Das hat mir das Herz gebrochen.
8 Wer hat die Teller in die Küche gebracht ?
9 Die Sekretärin hat die Briefe auf den Tisch gelegt.
10 Sie hat bis Mittag im Bett gelegen.

9 **1** Es ist ihm gelungen, sein Rad zu reparieren.
2 Sie ist oft ihrem Mathelehrer an der Haltestelle begegnet.
3 Er ist jeden Tag zwei Stunden geritten.
4 Die Mutter hat ihn früh geweckt.
5 Das Auto ist im Straßengraben gelandet.
6 Im Winter sind die Kinder auf dem Eis geglitten.
7 Er hat über das Telegramm geschwiegen.
8 Der Vater hat einen leckeren Braten gebraten.
9 Der Plan ist bestimmt gescheitert.
10 Der Wanderer ist mit dem Fuß gegen eine Baumwurzel gestoßen.

10 Le parfait (2)

1
1 angekommen.
2 eingetreten.
3 eingeladen.
4 nachgesehen.
5 abgefahren.
6 aufgelegt.
7 aufgeräumt.
8 weggefahren.
9 aufgepasst.
10 vorgelesen.
11 mitgesungen.
12 abgelegt.
13 ausgegangen.
14 vorgeschlagen.
15 mitgekriegt.
16 zurückgezahlt.
17 vorgeworfen.
18 abgedeckt.
19 aufgetragen.
20 abgefallen.

2 **1** Du hast nicht aufgepasst. **2** Sie hat Andreas im Theaterclub abgeholt. **3** Das Kind hat gut zugehört. **4** Wir haben nicht mitgespielt. **5** Arnold hat sein Zimmer nicht aufgeräumt. **6** Das Fußballspiel hat um 15 Uhr angefangen. **7** Der Elefant hat den Hut weggenommen. **8** Onkel Hans ist mitgekommen. **9** Um 9 Uhr habe ich Oma angerufen. **10** Wir sind um 7 Uhr aufgestanden.

3 **1** Aber ich habe es schon aufgeräumt. **2** Aber ich habe ihn schon habgedeckt. **3** Aber ich habe es schon zugemacht. **4** Aber ich habe ihn schon angezogen. **5** Aber ich habe sie schon abgeschlossen. **6** Aber ich habe ihn schon mitgenommen. **7** Aber ich bin schon aufgestanden. **8** Aber ich habe ihn schon eingeladen. **9** Aber ich habe ihn schon vorgelesen. **10** Aber ich habe schon nachgeschaut.

4 **1** Angelika hat mit Petra telefoniert. **2** Die Lehrerin hat den Text diktiert. **3** Die Zuschauer haben heftig applaudiert. **4** Doktor Gaertner hat viele Verletzte operiert. **5** Haben Sie Ihre Wohnung selbst tapeziert ? **6** Er hat sich immer schnell rasiert. **7** Sie hat sich für arme Kinder interessiert. **8** Er hat ein berühmtes Orchester dirigiert. **9** Wir haben den Autor zitiert. **10** Wir haben das Neue Museum fotografiert.

5 **1** Er hat seinen Computer verkauft. **2** Heute haben wir mit einer Reportage begonnen. **3** Der Gymnasiast hat die Besucher empfangen. **4** Das T-Shirt hat mir nicht gefallen. **5** Frau Huber hat die Wohnung nicht vermietet. **6** Leider hat er meine Worte missverstanden. **7** Sein Vater hat ihm verboten, Freunde nach Hause mitzubringen. **8** Er hat immer lustige Geschichten erzählt. **9** Nina hat ihren Eltern versprochen, besser zu arbeiten. **10** Herr Griesbach hat uns zum Bahnhof begleitet.

6 **a)** **1** Jan ist zu Freunden gegangen. **2** Sie hat nicht genug gearbeitet. **3** Sie haben nicht ferngesehen. **4** Oliver ist krank gewesen. **5** Der Direktor hat viel Geld verdient.

b) **6** Gregor das Foto selbst gemacht hat. **7** Ihre Eltern ihr Geld geschickt haben. **8** Dass sie das Interview allein hat machen müssen. **9** Dass er 5 Euro Eintritt bezahlt hat. **10** Dass das Mädchen kein Wort hat verstehen können.

7
1 bekommen.
2 mitgegangen.
3 vergangen.
4 erzählt.
5 abgeholt.
6 aufgestanden.
7 fortgeflogen.
8 Rad gefahren.
9 ferngesehen.
10 beendet.
11 mitgespielt.
12 angekommen.
13 empfunden.
14 zerbrochen.
15 verstanden.
16 abgeflogen.
17 erfunden.
18 teilgenommen.
19 eingeladen.
20 angefragt.

8
1 Er hat nicht kommen können.
2 Ich habe eine Stunde lang auf ihn warten müssen.
3 Die Mutter hat ihn bis zehn Uhr schlafen lassen.
4 Tanja hat nicht gekonnt.
5 Ich habe es nicht gewollt.

9
1 Philipp sagt, dass er nicht hat kommen können.
2 Philipp sagt, dass ich eine Stunde lang auf ihn habe warten müssen.
3 Philipp sagt, dass die Mutter ihn bis 10 Uhr hat schlafen lassen.
4 Philipp sagt, dass Tanja nicht gekonnt hat.
5 Philipp sagt, dass ich es nicht gewollt habe.

10
1 Ich habe alles gemacht.
2 Gestern Abend ist er um 10 Uhr ins Bett gegangen.
3 Anna hat nicht kommen dürfen.
4 Er hat letzte Woche seinen Wagen reparieren lassen.
5 Der Journalist hat seine Frage nicht wiederholen wollen.

11 Le futur / Le plus-que-parfait

1
1 Ich werde einen Wagen kaufen.
2 Er wird bei Volkswagen arbeiten.
3 Sie wird nach Bonn fahren.
4 Wir werden unser Haus verkaufen.
5 Du wirst alles verstehen.
6 Ich werde am Montag wieder zurück sein.
7 Sie werden Petra abholen.
8 Wirst du bald einen Walkman bekommen ?
9 Nächstes Jahr wird er in München studieren.
10 Ich werde im Juli eine Theaterschule besuchen.

2
1 Ja, ich werde nächste Woche einen Computer kaufen.
2 Ja, ich werde heute Abend Sonja anrufen.
3 Ja, ich werde im August nach Italien fahren.
4 Ja, sie werden nächsten Sonntag einen Ausflug machen.
5 Ja, wir werden um 6 Uhr in Stuttgart sein.

3
1 Ich weiß nicht, was er später machen wird.
2 Ich weiß nicht, wo er wohnen wird.
3 Ich weiß nicht, wann er in Köln arbeiten wird.
4 Ich weiß nicht, was sie kaufen wird.
5 Ich weiß nicht, bei wem sie übernachten werden.

4
1 Ich war krank gewesen.
2 Sie hatte Angst gehabt.
3 Er war groß geworden.
4 Sandra hatte alles gemacht.
5 Wir waren ins Kino gegangen.
6 Ich hatte eine Zwei bekommen.
7 Es hatte geregnet.
8 Sie hatte zwei Mädchen großgezogen.
9 Wart ihr nach Berlin gefahren ?
10 Ich hatte es nicht gewusst.

5
1 gezahlt hatte.
2 verschwunden war.
3 gemacht hatte.
4 gearbeitet hatte ; hatte ... gemacht.
5 hatte geschneit.

12 Le nominatif : déterminants et pronoms

1 **1** die. **2** der. **3** das. **4** der. **5** die. **6** die. **7** der. **8** der. **9** die. **10** der.

2 **1** das. **2** das. **3** der. **4** das. **5** die. **6** die. **7** das. **8** die. **9** das. **10** die.

3 **1** ein. **2** ein. **3** ein. **4** ein. **5** eine. **6** eine. **7** ein. **8** eine. **9** ein. **10** eine.

4 **masculin :** der Vater, der Bruder, der Opa, der Hund, der Hamster, der Ball.

féminin : die Mutter, die Schwester, die Oma, die Katze, die Küche, die Uhr, die Familie, die Lampe.

neutre : das Mädchen, das Bild, das Eis, das Brot, das Haus, das Zimmer.

5 **1** Die Fotos sind super. **2** Die Mädchen sind nett. **3** Die Uhren sind billig. **4** Die Damen sind elegant. **5** Die Videorecorder sind teuer. **6** Die Kinder sind krank. **7** Die Aufgaben sind schwer. **8** Die Computerspiele sind super. **9** Die Lehrer sind nett. **10** Die Autos machen Lärm.

6 **1** Waschmaschinen sind praktisch. **2** Mobil-Telefons sind auch praktisch. **3** Wagen sind teuer. **4** Kinder sind gescheit. **5** Bananen schmecken gut. **6** Arbeiter haben nicht viel Geld. **7** Blumen sind schön. **8** Bilder von Picasso sind teuer. **9** Plüschtiere sind süß. **10** Tierbücher sind interessant.

7 **1** Dieser. **2** Dieses. **3** Jener. **4** Diese. **5** Jene. **6** Dieses. **7** Diese. **8** Jener. **9** Diese. **10** Jene.

8 **1** sie. **2** es. **3** sie. **4** es. **5** sie. **6** es. **7** sie. **8** es. **9** er. **10** sie.

9 **1** du. **2** ich. **3** er. **4** es. **5** sie. **6** wir. **7** ich. **8** du. **9** Sie. **10** ihr.

13 L'accusatif : déterminants et pronoms

1 **1** N. **2** A. **3** N. **4** A. **5** A. **6** A. **7** A. **8** N. **9** A. **10** A.

2 **1** das. **2** den. **3** das. **4** den. **5** das. **6** den. **7** den. **8** die. **9** die. **10** die.

3 **1** Holger nimmt ein Foto.
2 Sepp holt einen Ball.
3 Ich brauche ein Heft.
4 Mutti ruft einen Hund.
5 Katrin fotografiert ein Kind.
6 Jens schreibt einen Brief.
7 Mutti will einen Lehrer fragen.
8 Nimmst du eine Tasche mit ?
9 Er interviewt eine Politikerin.
10 Gregor liest eine Schülerzeitung.

4 **1** diesen. **2** dieses. **3** diesen. **4** diese. **5** diese.

5 **1** Willst du diesen Walkman ?
2 Nimm diese Schuhe !
3 Ich kenne diesen Arzt nicht.
4 Kannst du diese Übungen machen ?
5 Bring mir diese Tasche !

6 **1** Kaufst du T-Shirts ?
2 Sie hat Freunde.
3 Ich lese Bücher.
4 Christine fotografiert Häuser.
5 Tobias hat Katzen.
6 Willst du Orangen ?
7 Hat er Ideen ?
8 Fritzi braucht Fotos.
9 Anna holt Bilder.
10 Frau Albrecht kauft Theaterkarten.

7 **1** durch/in. **2** gegen. **3** ohne. **4** für. **5** um.

8 **1** den Direktor. **2** die Lehrer. **3** den Park. **4** den Garten. **5** die Eltern.

9 **1** sie. **2** ihn. **3** ihn. **4** ihn. **5** ihn. **6** sie. **7** es. **8** sie. **9** ihn. **10** ihn.

10 **1** dich. **2** dich. **3** euch. **4** dich. **5** dich. **6** euch. **7** dich. **8** euch. **9** dich. **10** uns.

11 **1** sich. **2** sich. **3** ihn. **4** sich. **5** sie. **6** euch. **7** Sie. **8** dich. **9** dich. **10** dich.

12 **1** Christine macht ein Foto.
2 Mutti ruft den Arzt.
3 Wo ist der Hund ?
4 Ich nehme den Bus um 6 Uhr.
5 Willst du einen Pullover oder einen Mantel ?
6 Hast du den Walkman ?
7 Oliver spielt Gitarre, hörst du ihn ?
8 Kaufst du die Zeitung ?
9 Komm Steffi, setz dich !
10 Katrin ist am Telefon, willst du sie etwas fragen ?

13 **1** einen. **2** den. **3** die. **4** ein. **5** den. **6** einen. **7** den. **8** die. **9** eine. **10** ein.

14 **1** dich. **2** sie. **3** euch. **4** sich. **5** dich. **6** sich. **7** dich. **8** euch. **9** dich. **10** es.

15 **1** sich. **2** sich. **3** euch. **4** euch. **5** es. **6** sie. **7** euch. **8** sich. **9** sich. **10** ihn.

14 Le datif : déterminants et pronoms

1 **1** A. **2** D. **3** D. **4** D. **5** A. **6** D. **7** A. **8** D. **9** D. **10** A.

2 **1** dem. **2** der. **3** dem. **4** der. **5** den. **6** dem. **7** der. **8** dem. **9** den. **10** dem.

3 **1** diesem. **2** diesem. **3** dieser. **4** diesen. **5** diesem.

4 **1** einem. **2** einem. **3** einer. **4** einem. **5** einer. **6** einer. **7** einem. **8** einer. **9** einem. **10** einem.

5 **1** dem. **2** der. **3** dem. **4** einem. **5** einer. **6** dem. **7** einer. **8** dem. **9** den. **10** meinem.

6 **1** mit. **2** bei. **3** zu. **4** aus. **5** nach. **6** seit. **7** von. **8** mit. **9** bei. **10** zu.

7 **1** ihm. **2** ihr. **3** ihm. **4** ihnen. **5** ihnen. **6** ihr. **7** ihnen. **8** ihm. **9** ihm. **10** ihnen.

8 **1** mir. **2** mir. **3** uns. **4** euch. **5** ihnen. **6** ihnen. **7** mir. **8** ihr. **9** ihm. **10** ihnen.

9 **1** Gib mir ein Stück Kuchen ! **2** Herr Korn geht weg, bring ihm seinen Mantel ! **3** Dieser Füller gehört einer Schülerin. **4** Computer gefallen den Kindern. **5** Ingrid, ich möchte dir eine Frage stellen. **6** Hol uns Bier ! **7** Die Kinder sind da, kannst du ihnen Limonade bringen ? **8** Kauf mir die Zeitung ! **9** Willst du uns Inline-Skates kaufen ? **10** Gehört Ihnen das Buch, Frau Kaminski ?

10 **1** dem. **2** den. **3** den. **4** den. **5** den. **6** den. **7** den. **8** einen. **9** einem. **10** den.

11 **1** mir. **2** sich. **3** sie. **4** dir. **5** mir. **6** sich. **7** ihn. **8** sie. **9** mir. **10** dir.

12 **1** dich. **2** uns. **3** dich. **4** dir. **5** mir. **6** sich. **7** mir. **8** sich. **9** ihnen. **10** ihnen.

15 Le complément de lieu

1 **1** e. **2** a. **3** d. **4** c. **5** b.

2 **1** Wohin. **2** Wo. **3** Wo. **4** Wohin. **5** Wo. **6** Wo. **7** Wohin. **8** Wo. **9** Wohin. **10** Wo.

3 **1** in. **2** in. **3** auf. **4** an. **5** in. **6** an. **7** auf. **8** in. **9** auf. **10** in.

4 **1** die. **2** die. **3** den. **4** den. **5** den. **6** den. **7** ins. **8** den. **9** ins. **10** die.

5 **1** dem. **2** dem. **3** im. **4** der. **5** der. **6** der. **7** im. **8** im. **9** im. **10** im.

6 **1** die ... auf den. **2** ins. **3** an die. **4** auf der. **5** ans. **6** am. **7** an der. **8** an den. **9** in den. **10** auf dem.

7 **1** in der. **2** im. **3** in die. **4** am. **5** auf dem. **6** nach. **7** auf dem. **8** am. **9** ins. **10** an der.

8 **1** über den. **2** an der. **3** an der. **4** auf der. **5** auf die. **6** vor der. **7** in den. **8** auf den. **9** zwischen einen ... ihren. **10** am.

9 **1** an der. **2** ans. **3** am. **4** am. **5** an die. **6** an den. **7** am. **8** an die. **9** am. **10** am.

16 Verbes d'état et de mouvement

1
1 steht.
2 steht.
3 liegt.
4 steht.
5 liegen.
6 steht.
7 liegen.
8 hängen.
9 sitzt.
10 liegt.

2
1 stellt.
2 legt.
3 hängt.
4 stellt.
5 stellt.
6 legt.
7 stellt.
8 hängt.
9 stellt.
10 setzt.

3
1 sitzen/dem.
2 gehängt/die.
3 steht/der.
4 den/gelegt.
5 hängt/der.
6 setz.
7 legen/die.
8 stehen/dem.
9 sitzt/der.
10 liegt/im.

4
1 in der.
2 zur.
3 nach.
4 in die.
5 beim.
6 bei.
7 nach.
8 auf dem.
9 in der.
10 in.

17 Le génitif

1 **1** des Mädchens. **2** des Lehrers. **3** des Hundes. **4** der. **5** der. **6** der. **7** des Chefs. **8** des Vaters. **9** der. **10** der.

2 **1** meiner. **2** meiner. **3** meines Freundes. **4** meines Vaters. **5** meiner.

3 **1** Annas. **2** Peters Pullover. **3** Arnolds Party. **4** Opas Wagen. **5** Frau Werners Hut.

4 **1** Patrizias Schule. **2** Melanies Lehrer. **3** Omas Schrank. **4** Vatis Computer. **5** Markus'Telefonnummer.

5 **1** des Königs. **2** der. **3** der. **4** der. **5** der.

6 **1** des Jungen. **2** des Prinzen. **3** der Affen. **4** eines franzosen. **5** eines Studenten.

7 **1** der. **2** der. **3** der. **4** des Computerraum. **5** des Direktors. **6** der. **7** des Musiklehrers. **8** des Schulfestes. **9** der. **10** der.

8 **1** Lauras Cousin. **2** Der Sohn meiner Freundin. **3** Ein Gedicht von Goethe. **4** Ein Freund meiner Eltern. **5** Tobias' Großmutter/die Großmutter von Tobias. **6** Frau Tominagas Büro. **7** Ein Bruder von Patrizia. **8** Das Haus der Großeltern. **9** Die Telefonnummer meiner Mutter. **10** Italiens Hauptstadt.

9 **a)** **1** des Essens. **2** der. **3** der. **4** einer. **5** des Regens.

b) **6** Während der. **7** Wegen seiner. **8** Statt des Motorrads. **9** Trotz der. **10** Während der.

18 Genre et nombre

1 **1** die Väter. **2** die Lehrer. **3** die Fernseher. **4** die Gärten. **5** die Computer. **6** die Mäntel. **7** die Italiener. **8** die Wagen. **9** die Sessel. **10** die Kuchen. **11** die Brüder. **12** die Bäcker. **13** die Füller. **14** die Vögel. **15** die Braten. **16** die Apotheker. **17** die Engländer. **18** die Äpfel. **19** die Löffel. **20** die Babysitter.

2 **1** die Damen. **2** die Familien. **3** die Katzen. **4** die Straßen. **5** die Hände. **6** die Uhren. **7** die Lektionen. **8** die Karten. **9** die Stunden. **10** die Kartoffeln. **11** die Jacken. **12** die Kassetten. **13** die Schülerinnen. **14** die Puppen. **15** die Türen. **16** die Tafeln. **17** die Lehrerinnen. **18** die Socken. **19** die Übungen. **20** die Würste.

3 **1** die Hefte. **2** die Jahre. **3** die Bilder. **4** die Kinder. **5** die Brote. **6** die Gläser. **7** die Eier. **8** die Programme. **9** die Kleider. **10** die Spiele. **11** die Tiere. **12** die Bäder. **13** die Pferde. **14** die Häuser. **15** die Geschenke. **16** die Probleme. **17** die Flugzeuge. **18** die Dächer. **19** die Bücher. **20** die Fahrräder.

4 **1** die Zimmer. **2** die Brötchen. **3** die Plätzchen. **4** die Theater. **5** die Feuer. **6** die Radios. **7** die Märchen. **8** die Bonbons. **9** die Taxis. **10** die Essen. **11** die Fenster. **12** die Messer. **13** die Mädchen. **14** die Meerschweinchen. **15** die Monster. **16** die Cafés. **17** die Fotos. **18** die Kinos. **19** die T-Shirts. **20** die Autos.

5 **1** die Fehler. **2** Häuser. **3** Frauen. **4** Schüler. **5** Autos. **6** die Teller. **7** die Väter. **8** Bleistifte. **9** Jacken. **10** die Kusinen. **11** die Blusen. **12** Kinder. **13** die Katzen. **14** die Mädchen. **15** die Straßen. **16** die Gärten. **17** Löffel. **18** die Lineale. **19** die Uhren. **20** Damen.

6 **1** die Jungen. **2** die Direktoren. **3** die Bücher. **4** die Gruppen. **5** die Töchter. **6** die Bäder. **7** die Motoren. **8** die Osterhasen. **9** die Polizisten. **10** die Vettern. **11** die Schuldirektoren. **12** die Bilderbücher. **13** die Mütter. **14** die Seen. **15** die Augen. **16** die Freibäder. **17** die Rektoren. **18** die Hasen. **19** die Deutschen. **20** die Landschaften.

7 **1** Sie kauft Löffel.
2 Man sieht hier Autobahnen.
3 Sie gibt den Elefanten Brötchen.
4 Diese Comichefte sind lustig.
5 Die Äpfel fallen nicht weit von Bäumen.
6 Hunde mögen keine Katzen.
7 Die Journalisten interviewen Politiker.
8 Er singt Volkslieder.
9 Dort sind Segelboote.
10 Die Jugendlichen lesen oft Zeitungen.

8 **1** der. **2** der. **3** der. **4** das. **5** das. **6** die. **7** die. **8** die. **9** das. **10** die.

9 **1** des Präsidenten. **2** eines... Komponisten. **3** des... Jungen. **4** des Studenten. **5** des Drachen. **6** des Prinzen. **7** der Menschen. **8** eines... Franzosen. **9** eines Polizisten. **10** eines... Fotografen.

10 **1** Staaten. **2** Motoren. **3** Seen. **4** Hemden. **5** Hotels. **6** Polizisten. **7** Blousons. **8** Museen. **9** Büros. **10** Töchter.

11 **1** zwei Kilo. **2** zwei Flaschen. **3** zwei Paar. **4** zwei Blatt. **5** zwei Tabletten. **6** zwei Euro. **7** zwei Tafeln. **8** zwei Kilo. **9** zwei Dutzend.

19 Les possessifs

1 **a)** **1** Ja, das ist mein Heft. **2** Ja, das ist meine Tasche. **3** Ja, das ist mein Füller. **4** Ja, das ist meine CD. **5** Ja, das ist mein Handy.

b) **6** ja, das ist unser Walkman. **7** Ja, das ist unser Lineal. **8** Ja, das sind unsere Bonbons. **9** Ja, das ist unsere Kassette. **10** Ja, das ist unser Computer.

2 **a)** **1** Ja, ich kenne deine Schwester. **2** Ja, ich will dein Heft. **3** Ja, ich habe deinen Füller. **4** Ja, ich brauche deine Schere. **5** Ja, ich kenne deine Eltern.

b) **6** Nein, ich habe euer Buch nicht. **7** Nein, ich brauche eure Farbstifte nicht. **8** Nein, ich kenne euren Cousin nicht. **9** Nein, ich nehme euer Rad nicht. **10** Nein, ich mache eure Arbeit nicht.

3 **1** dein. **2** dein. **3** dein. **4** euer. **5** euren. **6** deinen. **7** deinen. **8** euer. **9** deine. **10** eure.

4 **1** meinem. **2** meiner. **3** deinem. **4** deinen. **5** unseren.

5 **1** seine. **2** ihre. **3** ihr. **4** seine. **5** sein. **6** ihre. **7** sein. **8** ihr. **9** seine. **10** ihr.

6 **1** Meine Schwester heißt Sabine und mein Bruder Thomas.

2 Hast du meine Kassette ? **3** Ruf Christine, ihr Lehrer ist am Telefon. **4** Alexandra sucht ihren Füller. **5** Herr Hausmann, ich habe Ihre Zeitung. **6** Unser Direktor ist krank. **7** Kinder, wo sind eure Fahrräder ? **8** Dieses Radio gehört meinem Bruder. **9** Unsere Telefonnummer ist hier. **10** Ich suche Christiane und ihre Freundin Susanne.

7 **1** Jan sucht seinen Fotoapparat. **2** Christine sucht ihren Anorak. **3** Flora sucht ihre Turnschuhe. **4** Gregor sucht seine Gitarre. **5** Herr Stark sucht sein Notizbuch. **6** Oma sucht ihre Uhr. **7** Karl-Heinz sucht seine Rollschuhe. **8** Barbara sucht ihre Tube Kleber. **9** Der Direktor sucht seinen Füller. **10** Frau Soltmann sucht ihre Brille.

8 **1** mein. **2** mein. **3** mein. **4** ihre. **5** ihr. **6** Ihr. **7** euer. **8** unsere. **9** euer. **10** Ihre.

20 L'adjectif épithète

1 **a)** **1** Der blaue Pullover ? **2** Der schwarze Füller. **3** Das dicke Buch ? **4** Das schöne Foto ? **5** Die kleine Tasche ?

b) **6** Ja, das ist ein interessanter Roman. **7** Ja, das ist eine elegante Frau. **8** Ja, das ist eine große Stadt. **9** Ja, das ist ein neuer CD-Spieler. **10** Ja, das ist ein gutes Essen.

2 **1** der kleine/ein kleiner. **2** das rote/ein rotes. **3** der nette/ein netter. **4** die weiße/eine weiße. **5** der neue/ein neuer. **6** der braune/ein brauner. **7** die kleine/eine kleine. **8** das weiße/ein weißes. **9** der schöne/ein schöner. **10** das große/ein großes.

3 **1** Da ist kaltes Mineralwasser. Ich möchte kaltes Mineralwasser.
2 Da ist warme Milch. Ich möchte warme Milch.
3 Da ist starker Kaffee. Ich möchte starken Kaffee.
4 Da ist gute Marmelade. Ich möchte gute Marmelade.
5 Da ist frisches Brot. Ich möchte frisches Brot.

4 **1** Wo ist deine Jacke ? Meine neue Jacke ? Da.
2 Wo sind deine Schuhe ? Meine neuen Schuhe ? Da.
3 Wo ist dein Fotoapparat ? Mein neuer Fotoapparat ? Da.
4 Wo ist deine Gitarre ? Meine neue Gitarre ? Da.
5 Wo sind deine Turnschuhe ? Meine neuen Turnschuhe ? Da.
6 Wo sind deine CDs ? Meine neuen CDs ? Da.
7 Wo ist dein Tennisschläger ? Mein neuer Tennisschläger ? Da.
8 Wo ist deine Videokassette ? Meine neue Videokassette ? Da.
9 Wo ist dein Handy ? Mein neues Handy ? Da.
10 Wo ist deine Uhr ? Meine neue Uhr ? Da.

5 **1** Ja, ich möchte einen guten Walkman. **2** ein blaues. **3** einen schwarzen. **4** eine graue Hose. **5** einen kleinen.

6 **1** Guten. **2** Guten. **3** Guten. **4** Gute. **5** Vielen. **6** Frohe. **7** Liebe. **8** Lieber. **9** Guten. **10** Schöne.

7 **1** gutes/gute. **2** kleines/kleine. **3** neuer/neue. **4** junger/junge. **5** alter/alte. **6** tolle/tollen. **7** gute/guten. **8** billige/billigen. **9** neue/neuen. **10** alte/alten.

8 **1** meinen kleinen. **2** unsere neue. **3** kleine. **4** ihre ältere. **5** die nächste. **6** die alte. **7** den englischen. **8** das kleine. **9** einen großen. **10** rheinische.

9 **1** einer deutschen. **2** einer amerikanischen. **3** dem neuen. **4** diesem großen. **5** warmen. **6** der schönen. **7** des guten. **8** der herzensguten. **9** eines kleinen. **10** einer netten. **11** des jungen.

10 **1** altes/schönen. **2** alte/schönen. **3** neuer/netter. **4** schöne/kleines. **5** guten/frisches.

11 **1** letzten/deutschen. **2** romantischen/unserer ehemaligen. **3** ersten/wunderschönen. **4** unmittelbarer/neugebauten. **5** schönem/kühlen.

12 **1** der letzten. **2** des kalten. **3** meines kleinen. **4** des schlechten. **5** des breiten. **6** kalte. **7** alten. **8** einen warmen. **9** die beiden. **10** einer Guten.

13 **1** der Deutsche/eine Deutsche.
2 viele Arbeitslose/alle Arbeitslosen.
3 einen Blinden/mit einer Blinden.
4 eine Kranke/mit Kranken.
5 die Angestellte/bei einem Angestellten.
6 ein Schwarzer/gegen Schwarze.
7 kein Gefangener/von dem Gefangenen.
8 die Armen/Arme.
9 die Toten/zwei Tote.
10 der Verletzte/mit einem Verletzten.

14 **1** die Reisenden. **2** der Arbeitslosen. **3** Angestellten. **4** Gutes. **5** Beamten.

21 Comparatif et superlatif

1 **1** schneller. **2** schwerer. **3** moderner. **4** älter. **5** kälter.

2 **1** Es ist noch weiter. **2** Ich bin noch größer. **3** Er ist noch tiefer. **4** Er ist noch älter. **5** Ich muß noch länger warten.

3 **1** länger. **2** größer. **3** kürzer. **4** kälter. **5** langsamer. **6** teurer. **7** besser. **8** höher. **9** weniger. **10** gefährlicher.

4 **a)** **1** Leipzig ist so groß wie Duisburg. **2** Der Juli ist so lang wie der Mai. **3** Oliver ist so klug wie Isabel. **4** Der Moselwein schmeckt so gut wie der Rheinwein. **5** Physik ist so schwer wie Mathe.

b) **6** Dresden ist so groß wie Hannover. **7** Max springt so hoch wie Andreas. **8** Frau Hoffmann ist so jung wie Frau Lenz. **9** Dieser Film ist so langweilig wie dieses Buch. **10** Margot ist so freundlich wie Helga.

5 **1** Es wird immer kälter.
2 Tobias arbeitet immer besser.
3 Die Flugzeuge fliegen immer schneller.
4 Es regnet immer mehr.
5 Er trinkt immer weniger.

6 **1** Berlin ist größer als Stuttgart.
2 Doris ist so alt wie Florian.
3 Ein 15-jähriger Schüler arbeitet mehr als ein 6-jähriger Schüler.
4 Ein Bonbon schmeckt besser als ein Medikament.
5 Ein Kilo Bananen wiegt so schwer wie ein Kilo Orangen.

7 **1** Deutsch wichtiger ist als Englisch.
2 es in Norddeutschland kälter ist als in Nordfrankreich.
3 die Nächte Mitte Dezember so lang sind wie die Tage.
4 es im Studentenwohnheim billiger ist als im Hotel.
5 er Western lieber mag als Science-fiction-Filme.

8 **1** Ich glaube, dass er so viel gearbeitet hat wie seine Schwester.
2 Wir denken, dass die Frauen so gut fahren wie die Männer.
3 Ich bin sicher, dass er lieber Cola trinkt als Bier.
4 Sie sagt, dass es ihm besser geht als vorige Woche.
5 Ich weiß nicht, ob Marilyn schöner war als Ava Gardner.

9 **1** schnellste. **2** billigste. **3** reichsten. **4** doofsten. **5** größte. **6** beste. **7** nächste. **8** teuersten. **9** liebste. **10** kälteste.

10 **1** lieber. **2** besten. **3** älteste. **4** meisten. **5** kälter.

11 **1** am schnellsten. **2** am liebsten. **3** am höchsten. **4** am schnellsten. **5** am höchsten.

12 **a)** **1** Das ist der interessanteste Roman, den ich je gelesen habe.
2 Das ist die doofste Frage, die ich je gehört habe.
3 Das ist die schwerste Klassenarbeit, die ich je gemacht habe.
4 Das ist die beste Torte, die ich je gebacken habe.
5 Das sind die teuersten Schuhe, die ich je gekauft habe.

b) **6** Sie ist am schönsten. **7** Er schwimmt am schnellsten. **8** Er springt am höchsten. **9** Er arbeitet am meisten. **10** Sie spielt am besten.

13 **1** Er springt sogar am höchsten. **2** Das ist sogar der beste Kuchen. **3** Da sind sogar die tollsten Skipisten. **4** Er fährt sogar am schnellsten. **5** Er arbeitet sogar am meisten.

14 **1** Er läuft am schnellsten. **2** Es wird immer kälter. **3** Die Zugspitze ist der höchste Berg Deutschlands. **4** Willst du in die Pizzeria gehen ? Nein ich gehe lieber ins Kino. **5** Das ist das schönste Buch, das ich je gelesen habe. **6** Er ist genauso groß wie ich. **7** Er arbeitet sehr gut. Er arbeitet sogar am besten. **8** Man sagt, dass es der wärmste Sommer ist seit 10 Jahren. **9** Ich spiele am liebsten Handball. **10** Er arbeitet immer weniger.

15 **1** am frühesten. **2** am besten. **3** der schönste. **4** das kleinste. **5** am besten. **6** der längste. **7** die schlechteste. **8** am schnellsten. **9** die besten. **10** der größte.

22 Le passif

1 **1** werde. **2** wird. **3** werden. **4** werden. **5** wird. **6** werden. **7** werden. **8** wird. **9** wirst. **10** Werden.

2 **1** gemacht. **2** das wird... gelernt. **3** Das wird... gekauft. **4** Das wird... geholt. **5** Das wird... geschrieben.

3 **1** wird/Vati. **2** wird von Agnes geholt. **3** sie werden von ihr geschrieben. **4** sie werden von ihnen gemacht. **5** sie wird von ihm angerufen.

4 **1** Der Tisch wird gedeckt. **2** Viel Bier wird getrunken. **3** Mechaniker werden gesucht. **4** Ich werde gerufen. **5** Müll wird getrennt. **6** Es wird gespielt. **7** Es wird geschlafen. **8** Es wird gearbeitet. **9** Es wird nicht gesprochen. **10** Es wird aufgeräumt.

5 **1** Sonia wird von Alexander gerufen. **2** Die Nachbarin wird von Tobias gegrüßt. **3** Deutsche Schüler werden von der Journalistin interviewt. **4** Die Post wird vom Briefträger ausgetragen. **5** Der Artikel wird von einem japanischen Reporter geschrieben.

6 **1** wurde. **2** wurde. **3** wurden. **4** wurde. **5** wurde.

7 **1** Es wird getanzt/wird getanzt. **2** Es wird geschlafen/wird geschlafen. **3** Es wurde viel geredet/wurde viel geredet. **4** Es wird nicht geraucht/wird nicht geraucht. **5** Es wird musiziert/wird musiziert. **6** Es wird kein Alkohol getrunken/... wird kein Alkohol getrunken. **7** Es wurde viel gelacht/wurde viel gelacht. **8** Es wird auf der Terrasse gefrühstückt/wird auf der Terrasse gefrühstückt. **9** Es wird zuviel gearbeitet/wird zuviel gearbeitet. **10** Es wurde die ganze Nacht gefeiert/wurde gefeiert.

8 **1** In diesem Restaurant wird nicht geraucht. **2** Das Frühstück wird um 8 Uhr serviert. **3** Hier wird Deutsch gesprochen. **4** Hier wird ein Mechaniker gesucht. **5** In unserer Nähe wird eine Schule gebaut.

9 **1** Das Theaterstück ist in Hamburg gespielt worden. **2** Er war von der Tante gestern erwartet worden. **3** Er ist vom Chef nach München gerufen worden. **4** Viel Geld ist ausgegeben worden. **5** Das Stück wird in Berlin gespielt werden. **6** Das Problem wird von den Technikern gelöst werden. **7** Wird Karneval auch bei dir gefeiert ? **8** Der Roman ist ins Deutsche übersetzt worden. **9** Der Walkman ist mir von meinen Eltern geschenkt worden. **10** Das Salz wurde in Lüneburg gekauft.

10 **1** Der Tisch muss gedeckt werden. **2** Hier darf nicht geraucht werden. **3** Der Motor konnte nicht repariert werden. **4** Die Arbeit muss beendet werden. **5** Kann der Wagen geliehen werden ? **6** Der Kranke musste gleich operiert werden. **7** Die Arbeit kann bis heute Mittag gemacht werden. **8** Dieses Fenster darf nicht geöffnet werden. **9** Wenn es schneit, muss langsam gefahren werden. **10** Eiss Brief muss noch von der Sekretärin gefaxt werden.

11 **1** Heute wird Tennis gespielt. **2** Am Sonntag wurde nie gearbeitet. **3** Gestern ist bis spät in die Nacht getanzt worden. **4** Letzten Sonntag ist er verhaftet worden. **5** Es wurde zu lange gezögert. **6** Wann werden die Geschäfte geschlossen ? **7** Es wird immer mehr von Arbeitslosigkeit gesprochen. **8** 1949 wurde die DDR gegründet. **9** Nächstes Jahr wird das Gymnasium renoviert werden. **10** Betriebe sind privatisiert worden.

12 **1** wurde. **2** werden. **3** worden. **4** wurde. **5** worden. **6** werden. **7** werden. **8** ist. **9** worden. **10** dürfen.

13 **1** Deutsche Theater werden von den Bundesländern subventioniert. **2** Die Hanse wurde von Kaufleuten in Norddeutschland gegründet. **3** Berlin wurde von den Aliierten kontrolliert. **4** Das Rote Kreuz wurde von dem Schweizer Henri Dunand gegründet. **5** Am Anfang der 80er Jahre wurden die Grünen von Petra Kelly vertreten. **6** Bis 1973 sind viele Gastarbeiter von den Deutschen angestellt worden. **7** Dresden wurde von den Engländern bombardiert. **8** Am 28.06.1914 wurde der Erzherzog Franz Ferdinand von Prinzip in Sarajevo ermordet. **9** Die Lichter wurden im Leuchtturm von einem Fischer angesteckt. **10** Am 15. August 1980 wurde der Tag der Grundsteinlegung für den Dom von den Kölnern gefeiert.

23 Les pronoms relatifs

1 **1** den. **2** den. **3** die. **4** der. **5** das. **6** die. **7** die. **8** den. **9** der. **10** das.

2 **a)** **1** Wie heißt dieses Mädchen, das ein Eis isst ? **2** Wer sind diese Leute, die wir eben getroffen haben ? **3** Wer ist dieser Mann, den du eben gegrüßt hast ? **4** Um wieviel Uhr kommen die Freunde, die wir eingeladen haben ? **5** Wem gehört der Ball, den ich im Garten gefunden habe ?

b) **1** Der Text, den wir übersetzen müssen, ist schwer. **2** Der Bus, der auf dem Marktplatz steht, hat eine Panne. **3** Die Frau, die gerade interviewt wird, ist die Schulleiterin. **4** Der Apfelstrudel, den ich selber gebacken habe, schmeckt gut. **5** Der Zug, der aus Freiburg kommt, fährt gerade ein.

3 **1** dem. **2** dem. **3** der. **4** dem. **5** denen.

4 **1** den. **2** der. **3** dem. **4** der. **5** der. **6** der. **7** dem. **8** denen. **9** dem. **10** der.

5 **1** dessen. **2** deren. **3** dessen. **4** deren. **5** dessen. **6** deren. **7** deren. **8** deren. **9** dessen. **10** dessen.

6 **1** Gib mir das Buch, das auf dem Schreibtisch liegt.
2 Wo ist der Mantel, den du gekauft hast ?
3 Es ist ein Zug, der nur in Frankfurt hält.
4 Es ist das Haus, in dem wir vor 10 Jahren wohnten.
5 Die Leute, bei denen wir am Wochenende eingeladen waren, sind Christines Freunde.
6 Hier ist der Computer, von dem (wovon) der Verkäufer mir gesprochen hat.

7 Wem gehört der Wagen, mit dem (womit) ihr/Sie nach Berlin gefahren seid/sind ?

8 Der Dom, dessen Türme du erblickst, ist die Frauenkirche von München.

9 Nimm das Buch, auf dessen Umschlag ein Bild von Ludwig II. steht.

10 Hier ist Frau Schultze, mit deren Sohn er nach Afrika gefahren ist.

7 **1** Ich habe die CD gekauft, von der ich gestern gehört habe.
2 Hier ist der Garten, auf den er so stolz war.
3 Kauf dir das Buch, das du brauchst.
4 Das sind Leute, von denen wir nichts wissen.
5 Hier ist das Haus, von dem sie träumt.
6 Frau Halm hatte einen Hund, vor dem ich Angst hatte, als ich ein Kind war.
7 Der Maler, dessen Gemälde wir sehen werden, lebt in Worpswede.
8 Die Schüler, deren Namen auf diesem Blatt stehen, müssen sich im Büro des Direktors melden.
9 Die Kinder, um die sie sich am Samstag kümmert/die sie am Samstag betreut, sind sehr nett.
10 Ich kenne den Schriftsteller nicht, von dem du sprichst.

24 La proposition infinitive

1 **a)** **1** Nein, ich habe keine Lust, Musik zu hören. **2** Nein, ich habe keine Lust, eine Cola zu trinken. **3** Nein, ich habe keine Lust, den Koffer zu packen. **4** Nein, ich habe keine Lust, Japanisch zu lernen. **5** Nein, ich habe keine Lust, die Mathearbeit zu korrigieren.

b) **6** Ja, man darf hier nicht baden. **7** Ja, man darf auf dem Schulhof nicht Fußball spielen. **8** Ja, man darf auf der Autobahn nicht Rad fahren. **9** Ja, man darf den Rasen nicht betreten. **10** Ja, man darf nach 22 Uhr nicht Klavier spielen.

2 **1** Er freut sich, in München anzukommen. **2** Sie hat mir versprochen, Katrin vom Bahnhof abzuholen. **3** Ich habe vor, das Zimmer aufzuräumen. **4** Er freut sich, der Musiklehrerin zuzuhören. **5** Wir haben total vergessen, den Führerschein mitzubringen.

3 **1** zu. **2** zu. **3** zu. **4** –. **5** –.

4 **1** Ich habe keine Zeit fernzusehen. **2** Er hat vergessen, das Licht auszumachen. **3** Sie hat versprochen, ihr Zimmer aufzuräumen. **4** Ich habe keine Lust, Alexandra einzuladen. **5** Er freut sich, in Berlin anzukommen.

5 **1** Tennis zu spielen. **2** Nach Madrid zu fahren. **3** Fleißig zu arbeiten. **4** Chinesisch zu lernen. **5** Biologie zu studieren.

6 **1** Ich habe vergessen, Stefanie anzurufen. **2** Es macht mir keinen Spass, den ganzen Tag zu arbeiten. **3** Ich bitte dich, sofort zu kommen. **3** Ich hoffe, im Juli in Urlaub zu fahren. **5** Er rät mir, um 7 Uhr aufzustehen.

7 **1** Es freut mich, Tobias kennengelernt zu haben. **2** Es freut mich, Nürnberg besichtigt zu haben. **3** Es freut mich, die Nachbarn eingeladen zu haben. **4** Das Kind ist glücklich, schwimmen zu können. **5** Sie ist glücklich, mitkommen zu dürfen. **6** Die Schüler sind glücklich, das Problem lösen zu können.

8 **1** aufs Land zu fahren. **2** die Haare schneiden. **3** in der Stadt spazieren. **4** zu regnen. **5** meine Verwandten anzurufen.

9 **1** Ich nehme ihn, um nach Hause zu fahren. **2** Ich gehe in die Küche, um Brot zu holen. **3** Er hat den Fernseher angestellt, um sich die Nachrichten anzusehen. **4** Ich gehe in die Buchhandlung, um den neuen Roman von Günter Grass zu kaufen. **5** Ich rufe bei Elke an, um sie zum Abendessen einzuladen.

10 **1** ohne seine Schultasche mitzunehmen. **2** ohne mich zu grüßen. **3** ohne seine Fahrkarte zu entwerten. **4** ohne seinen Blouson anzuziehen. **5** ohne sich um die Kinder zu kümmern.

11 **1** anstatt mit der Straßenbahn zu fahren. **2** anstatt den Arzt zu rufen. **3** anstatt einkaufen zu gehen. **4** anstatt in der Küche zu helfen. **5** anstatt Sport zu treiben.

12 **1** Er geht weg, ohne ein Wort zu sagen. **2** Simon geht ins Bett, ohne sich die Hände zu waschen. **3** Man kann leben, ohne jeden Abend auszugehen. **4** Du kritisiert, ohne zu verstehen. **5** Sie haben das Hotel verlassen, ohne die Rechnung zu bezahlen. **6** Anstatt zu arbeiten, spielt er Fußball. **7** Er schläft bis eins, anstatt eine Arbeit zu suchen. **8** Hilf mir, anstatt nichts zu machen. **9** Nimm ein Sparkassenbuch, anstatt dein ganzes Geld auszugeben. **10** Geh ins Bett, anstatt fernzusehen.

13 **1** um... zu. **2** anstatt... zu. **3** ohne... zu. **4** um... zu. **5** ohne... zu.

14 **1** ... um ihr zum Geburtstag zu gratulieren. **2** ... anstatt seine Oma zu besuchen. **3** ... ohne sich viel Mühe zu geben. **4** ... um mehr Geld zu verdienen. **5** ... anstatt sich um ihre Kinder zu kümmern. **6** Er sieht fern, anstatt seine Hausaufgaben zu machen. **7** Natascha macht den Ofen an, um einen Kuchen zu backen. **8** Silvana geht an Toni vorbei, ohne ihn zu grüßen. **9** Er muss trainieren, um gut zu sein. **10** Alkan schreibt eine Klassenarbeit, ohne sich zu konzentrieren.

15 **1** Je n'ai rien à faire. **2** Il n'y a rien à voir. **3** La maison est à vendre. **4** Ce centre de remise en forme offre beaucoup de possibilités. **5** Il a commencé à pleuvoir. **6** C'est facile à faire. **7** Garage à louer. **8** Il doit travailler sérieusement. **9** Je suis heureux d'avoir gagné le match.

25 Les conjonctions de subordination (1)

1 **1** Die Mutter sagt, dass Julia müde ist. **2** Christine sagt, dass Steffi Hunger hat. **3** Vati antwortet, dass Agnes am Telefon wartet. **4** Frau Griesbach sagt, dass die Kinder gern Musik mögen. **5** Die Lehrerin sagt, dass Andrea nicht versteht.

2 **1** Ich weiß, dass Mami ins Kino gehen will. **2** Ich weiß, dass Stephanie eine Postkarte kaufen will. **3** Ich weiß, dass die Kinder nicht aufstehen wollen. **4** Ich weiß, dass Gregor keine Bonbons nehmen darf. **5** Ich weiß, dass das Schwesterlein noch nicht laufen kann.

3 **1** Christiane sagt, sie ist müde. **2** Mami sagt, Elisabeth hat die Grippe. **3** Opa sagt, er geht einkaufen. **4** Petra sagt, sie muss das Zimmer aufräumen. **5** Melanie sagt, sie möchte in die Disco mitgehen.

4 **1** Herr Schneider sagt, dass Katia draußen gewartet hat. **2** Paul antwortet, dass Onkel Hans nichts gesagt hat. **3** Silvia sagt, dass die Kinder ins Kino gegangen sind. **4** Mami sagt, dass Papi Mozarts Geburtshaus fotografiert hat. **5** Tobias sagt, dass Michael die Pizza gegessen hat.

5 **1** Nadine fragt, ob Max Hunger hat. **2** Mami fragt, ob Christof ein Stück Schokolade will. **3** Martina fragt, ob das Kind schon laufen kann. **4** Jens fragt, ob Oliver zu Oma gegangen ist. **5** Britta fragt, ob der Lehrer ein Foto gemacht hat.

6 **1** ... ob Sabine Hunger hat. **2** ... ob Katrin in den Garten gegangen ist. **3** ... ob Vati sich die Kassette ansehen will. **4** ... ob die Kinder den Tisch gedeckt haben. **5** ... Ob Papi angerufen hat.

7 **1** ob. **2** ob. **3** Ob. **4** dass. **5** dass.

8 **1** Ja, er kommt nicht, weil er keine Zeit hat. **2** Ja, sie bleibt im Bett, weil sie krank ist. **3** Ja, Petra kommt nicht mit, weil sie keine Lust hat. **4** Ja, Max ist sauer, weil er nicht mitgespielt hat. **5** Ja, ich gehe nicht ins Schwimmbad, weil ich kein Geld habe.

9 **1** Stefan ist böse, weil er die Videokassette nicht findet. **2** Er ist zu spät gekommen, weil er den Bus verpasst hat. **3** Sie will kein Ei essen, weil sie keinen Hunger hat. **4** Die Eltern bleiben zu Hause, weil sie sich ausruhen wollen. **5** Der Vater ärgert sich, weil Jan nicht gut gearbeitet hat.

10 **1** Da er samstags keine Schule hat, kann er lange schlafen. **2** Da sie keinen Wagen hat, muss sie mit dem Bus ins Büro fahren. **3** Da sie sich zu dick findet, isst sie kein Brot mehr. **4** Da alle Zimmer belegt waren, haben wir im Wagen übernachtet. **5** Da er im Zentrum wohnt, nimmt er selten seinen Wagen.

11 **1** Er fährt nicht nach Berlin, weil er nicht genug Geld hat. **2** Christine geht nicht in die Schule, weil sie krank ist. **3** Der Lehrer ist böse, denn die Schüler haben den Text nicht gelernt. **4** Da duzum Bäcker gehst, kauf mir zwei Brötchen. **5** Da sie immer froh ist, hat sie viele Freunde. **6** Da ich ihn gestern gesehen habe, rufe ich ihn heute nicht an.

12 **1** Damit sein Vater nicht zu lange am Bahnhof wartet. **2** Britta geht ins Theater, um Karten zu besorgen. **3** Damit es im Winter nicht zu kalt ist. **4** Damit er nicht mehr zu spät kommt. **5** Um Arbeit zu finden. **6** Damit sein Vater sich eine Reportage ansehen kann. **7** Damit die Leute ruhig Rad fahren können. **8** Um zum Grillfest zu gehen.

13 **1** obwohl seine Eltern es ihm verboten haben. **2** obwohl die Straße glatt ist. **3** obwohl er Grippe hat. **4** Obwohl die Luft verschmutzt ist. **5** obwohl er Halsschmerzen hat.

14 **1** Er ist so krank, dass er nicht aufstehen darf. **2** Sebastian hat so viel Arbeit, dass er nicht mehr in die Disco geht. **3** Sie war so traurig, dass sie die ganze Zeit weinte. **4** Es war so heiß, dass viele Menschen Gesundheitsprobleme hatten. **5** Der Film war so spannend, dass sie den Braten im Ofen vergessen hat.

15 **a)** **1** er nicht gehört hätte. **2** es seine Muttersprache wäre. **3** als ob es krank wäre. **4** als ob er ihn nicht gesehen hätte. **5** er eine Million Euro gewonnen hätte.

b) **1** Er tut, als hätte er mich nicht gesehen. **2** Sie kümmert sich um ihn, als wäre er ihr Sohn. **3** Andreas ist blass, als wäre er krank. **4** Er tut, als der Film ihm gefallen hätte. **5** Stefanie wird rot, als wüsste sie die Antwort nicht.

16 **a)1** Er tut, als ob er mich nicht gesehen hätte. **2** Sie kümmert sich um ihn, als ob er ihr Sohn wäre. **3** Andreas ist blass, als ob er krank wäre. **4** Er tut, als hätte ob der Film ihm gefallen. **5** Stefanie wird rot, als ob sie die Antwort nicht wüsste.

b) **1** Er tut, als hätte er mich nicht gesehen. **2** Sie kümmert sich um ihn, als wäre er ihr Sohn. **3** Andreas ist blass, als wäre er krank. **4** Er tut, als hätte der Film ihm gefallen. **5** Stefanie wird rot, als wüsste sie die Antwort nicht.

17 **1** Je mehr es regnet, desto grüner wird der Garten. **2** Je weiter sie gingen, desto fröher waren sie. / desto mehr freuten sie sich. **3** Je schneller man fährt, desto mehr Benzin verbraucht man. **4** Je mehr er arbeitet, desto mehr freut sich der Lehrer. **5** Je weniger du arbeitest, desto weniger Chancen hast du, das Abitur zu bestehen.

26 Les conjonctions de subordination (2)

1 **1** Wenn ich nach Hause komme, rufe ich Lara an. **2** Wenn ich Ferien habe, fahre ich nach Italien. **3** Wenn ich Freizeit habe, gehe ich zu Partys. **4** Wenn ich in die Stadt gehe, kaufe ich meine Schuhe. **5** Wenn ich mit der Arbeit fertig bin, rufe ich Markus an.

2 **1** Als ich gestern ins Bett ging, saß er noch vor dem Bildschirm. **2** Als Carolina an der Haltestelle war, traf sie Britta. **3** Als sie nach draußen gehen wollte, fing es an zu regnen. **4** Wenn wir eine Klassenarbeit schreiben, dürfen wir kein Wort sagen. **5** Als Samuel endlich eine Stelle fand, feierten wir die ganze Nacht. **6** Wenn die Mutter dem Kind eine gute Nacht-Geschichte erzählte, freute es sich immer sehr. **7** Als Opa noch ein Kind war, gab es keine Computer. **8** Als wir in München ankamen, regnete es. **9** Wenn der Wecker klingelt, wacht er manchmal nicht auf. **10** Wenn sie Sonntagabends heimfuhren, gab es immer viel Verkehr.

3 **1** Wann. **2** Wenn. **3** Wenn. **4** Als. **5** Wann.

4 **1** Bevor er wegfuhr, schloss er die Garagentür ab./Nachdem er die Garagentür abgeschlossen hatte, fuhr er weg. **2** Bevor Miriam ins Siebengebirge fuhr, schrieb sie ein paar Glückwunschkarten/ Nachdem sie ein paar Glückwunschkarten geschrieben hatte, fuhr sie ins Siebengebirge. **3** Bevor Clemens zum Tennisclub fährt, repariert er sein Rad./Nachdem Clemens sein Rad repariert hat, fährt er zum Tennisclub. **4** Bevor Max sich an die Arbeit macht, ruft er Katja an./Nachdem Max Katja angerufen hat, macht er sich an die Arbeit. **5** Bevor der Regisseur einen Produzenten findet, wird das Drehbuch für den Film geschrieben./Nachdem das Drehbuch für den Film geschrieben worden ist, sucht der Regisseur einen Produzenten.

5 **1** vorher. **2** bevor. **3** vor. **4** bevor. **5** vorher.

6 **1** nachdem. **2** nachdem. **3** nachher. **4** nach. **5** nachdem.

7 **1** Nachdem er in Paris Französisch gelernt hatte, fuhr er nach Frankfurt zurück. **2** Um 6 Uhr spiele ich Fußball, aber vorher muss ich meine Arbeit fertigmachen. **3** Vor der Öffnung der Mauer war es schwer zwischen West-Berlin und Ost-Berlin hin- und herzufahren. **4** Am Sonntagmorgen geht er joggen und nachher nimmt er eine warme Dusche. **5** Nachdem sie Abitur gemacht hatte, fuhr sie nach Berlin.

8 **1** bis. **2** sobald. **3** solange. **4** während. **5** seit.

27 Le discours indirect / Le subjonctif I

1 **1** Er spiele. **2** Er sage. **3** Er habe. **4** Sie arbeite. **5** Es beginne. **6** Du seist. **7** Du gehest. **8** Du habest. **9** Wir seien. **10** Ich sei.

2 **1** Agnes sagt, dass der Film super sei. **2** Katrin sagt, dass Mama die Grippe habe. **3** Vati meint, dass Petra zu Hause bleiben wolle. **4** Steffi sagte, dass der Bus in 5 Minuten fahre. **5** Der Babysitter hat gesagt, dass er sich um die Kinder kümmere.

3 **1** Herr Bergholz hat mir erzählt, dass er ein neues Haus kaufen wolle. **2** Es liege in der Fußgängerzone. **3** Es gehöre alten Leuten. **4** Es koste nicht viel Geld. **5** Es sei ein Zweifamilienhaus. **6** Es habe 5 Zimmer. **7** Es gefalle seiner Frau. **8** Er wolle es morgen besichtigen. **9** Seine Kinder seien begeistert. **10** Im Garten stehe ein schöner Brunnen.

4 **1** Er fragte mich, wie ich heiße. **2** Er fragte mich, wo ich wohne. **3** Er fragte mich, wie alt ich sei. **4** Er fragte mich, woher ich komme. **5** Er fragte mich weiter, ob ich viel Arbeit habe. **6** Er wollte auch wissen, ob ich damit fertig sei. **7** Er fragte mich auch, ob ich mich auf die nächsten Ferien freue. **8** Er fragte dann, wohin ich fahre. **9** Er stellte noch die Frage, wie lange ich in Deutschland bleibe. **10** Dann eine letzte Frage, ob meine Schwester mitkomme.

5 **1** Jennifer sagte mir, sie sei müde. **2** Ihre Mutter sei krank. **3** Sie müsse ihr im Haushalt helfen. **4** Es falle ihr schwer, ihre Schularbeiten zu machen. **5** Ihr Vater mache gerade eine Geschäftsreise. **6** Ich antwortete ihr, sie müsse viel Mut haben. **7** Es werde sicher bald besser gehen. **8** Ich könne ihr beim Einkaufen helfen. **9** Für mich sei es kein Problem. **10** Ich hätte zur Zeit wenig Arbeit.

6 **1** Gestern sei sie im Eisstadion gewesen. **2** Sie sei den ganzen Nachmittag Schlittschuh gelaufen. **3** Sie sei totmüde gewesen. **4** Ihre Eltern hätten sie abgeholt. **5** Sie hätten bei Freunden zu Abend gegessen. **6** Sie sei dann spät ins Bett gegangen. **7** Heute morgen habe sie nicht aufstehen können, obwohl ihre Mutter sie dreimal gerufen habe. **8** Sie habe dann eine Viertelstunde auf den Bus warten müssen. **9** Freundinnen von ihr seien auch zu spät ins Gymnasium gekommen. **10** Bis zur Mathestunde hätten sie vierzig Minuten vor der Schule warten müssen.

7 **1**Der französische Präsident kam gestern in Berlin an / ist gestern in Berlin angekommen. **2** Er traf/hat den Bundeskanzler getroffen. **3** Sie sprachen/haben eine Stunde zusammen gesprochen. **4** Dann hielt/hat der Bundeskanzler eine Rede gehalten. **5** Er sagte/hat gesagt, das Eurogeld wird nicht schlechter sein als die D-Mark. **6** Haben Sie keine Angst ! **7** Kein Deutscher muss sich Sorgen machen. **8** Die Chancen für die Zukunft sind sehr groß. **9** Ich werde alles tun, um gegen die Arbeitslosigkeit zu kämpfen. **10** Ich will jedem wieder Mut geben.

28 Le subjonctif II

1 **1** Ich hätte eine Frage. **2** Es wäre nett. **3** Es könnte interessant sein. **4** Geld müsste man haben. **5** Sie müssten ruhig bleiben. **6** Du könntest mich anrufen. **7** Du solltest dich beeilen. **8** Ich würde mich sehr freuen. **9** Ihr könntet öfter schreiben. **10** Wir wären zufrieden.

2 **1** Könnten Sie mir eine Auskunft geben ? **2** Könnte ich Alex sprechen ? **3** Hätten Sie ein Buch über Österreich ? **4** Wären Sie so nett ? **5** Würden Sie mir helfen ? **6** Wäre es kein Problem ? **7** Würden Sie mich entschuldigen ? **8** Würdest du das machen ? **9** Könntest du anrufen ? **10** Hättest du Zeit für mich ?

3 **1** Pourriez-vous me donner un renseignement ? **2** Pourrais-je parler à Alex ? **3** Auriez-vous un livre sur l'Autriche ? **4** Seriez-vous assez gentil ? **5** M'aideriez-vous ? **6** Ne serait-ce pas un problème ? **7** M'excuseriez-vous ? **8** Ferais-tu cela ? **9** Pourrais-tu téléphoner ? **10** Aurais-tu du temps pour moi ?

4 **1** Hätte er doch Arbeit !/Wenn er doch Arbeit hätte ! **2** Könnte ich doch spielen !/Wenn ich doch spielen könnte ! **3** Wäre sie doch gesund !/Wenn sie doch gesund wäre ! **4** Hätten wir doch genug Geld !/Wenn wir doch genug Geld hätten ! **5** Könnte ich doch richtig schlafen !/Wenn ich doch richtig schlafen könnte ! **6** Hätte er doch keine Probleme !/Wenn er doch keine Probleme hätte ! **7** Wäre das Wetter doch schön !/Wenn das Wetter doch schön wäre ! **8** Wäre ich doch nicht immer hungrig !/Wenn ich doch nicht immer hungrig wäre ! **9** Dürfte ich doch rauchen !/Wenn ich doch rauchen dürfte ! **10** Wäre es doch nicht so teuer !/Wenn es doch nicht so teuer wäre !

5 **1** Hätte ich das gewusst !/Wenn ich das gewusst hätte ! **2** Wärest du nicht nach Zürich gefahren !/Wenn du doch nicht nach Zürich gefahren wärest ! **3** Hätte er uns doch gefragt !/Wenn er uns doch gefragt hätte ! **4** Wäre sie doch zu Hause geblieben !/Wenn sie doch zu Hause geblieben wäre ! **5** Hätten Sie doch mein Fax bekommen !/Wenn Sie doch mein Fax bekommen hätten !

6 **1** Ach, wenn das Wetter doch schön wäre ! **2** Ach, hätte ich (doch) Geld ! **3** Ach, wenn ich heute skaten könnte ! **4** Ach, wäre es (doch) der letzte Schultag ! **5** Ach, wenn ich das gewusst hätte ! **6** Ach, wenn mein Vater nicht arbeitslos wäre ! **7** Ach, wenn ich mein Taschengeld gespart hätte ! **8** Ach, wenn ich im Lotto hätte gewinnen können ! **9** Ach, wenn ich eine gute Note gehabt hätte ! **10** Ach, wenn er mir eine romantische SMS schreiben würde !

7 **1** ... dann wärest du zufrieden. **2** ... dann hättest du eine gute Note ! **3** ... dann würdest du uns besuchen ! **4** ... dann ginge es besser/dann würde es besser gehen. **5** ... dann würdest du abnehmen. **6** ... dann könntest du dich ausruhen. **7** ... dann könntest du CDs kaufen. **8** ... dann würdest du in Tokio eine Stelle finden. **9** ... dann könntest du es verkaufen. **10** ... dann würdest du schönere Bilder machen.

8 **1** Ich an deiner Stelle würde in Urlaub fahren. **2** Ich an ihrer Stelle würde heute nicht in die Stadt fahren. **3** Ich an Ihrer Stelle würde meinen Wagen nicht nehmen. **4** Ich an Christels Stelle würde jeden Tag essen. **5** Ich an deiner Stelle würde zum Arzt gehen.

9 **1** Wenn Kim nicht faul wäre, würde sie Vokabeln lernen. **2** Wenn ich Geld hätte, würde ich Klamotten kaufen. **3** Wenn Max müde wäre, würde er ins Bett gehen. **4** Wenn wir Ferientage hätten, würden wir aufs Land fahren. **5** Wenn ich kommen könnte, würde ich dir die Bücher bringen.

10 **1** Wenn mein Vater wieder Arbeit hätte, würde ich eine große Fete machen. **2** Wenn ich jeden Tag allein zu Hause wäre, gäbe ich viele Partys. **3** Wenn ich 25 Jahre alt wäre, würde ich eine Mode-Boutique aufmachen. **4** Wenn ich nicht versetzt würde, würde ich nicht wagen, nach Hause zu kommen. **5** Wenn ich Ferien hätte, flöge ich nach Rom. **6** Wenn ich keinen Job gefunden hätte, wäre ich im Sommer zu Hause geblieben. **7** Wenn mein Vater arbeitslos geworden wäre, hätte ich jedes Wochenende gejobbt. **8** Wenn ich meinen Koffer verloren hätte, wäre ich zur Polizei gegangen. **9** Wenn ich mich in der Stadt verloren hätte, hätte ich einen Stadtplan gekauft. **10** Wenn ich mit meinen Eltern Probleme gehabt hätte, hätte ich mit Freunden darüber geredet.

11 **1** Wenn er nicht tüchtig gewesen wäre, hätte er schlechte Noten bekommen. **2** Wenn Jan nicht so aggressiv gewesen wäre, hätte er mehr Freunde gehabt. **3** Wenn Philipp nach Deutschland gefahren wäre, hätte er schnell Deutsch gelernt. **4** Wenn er besser aufgepasst hätte, wäre er besser in der Schule gewesen. **5** Wenn Daniel aufmerksam gewesen wäre, hätte er es geschafft.

12 **1** Wenn Astrid hätte zuhören wollen, hätte sie alles verstanden. **2** Wenn er hätte kommen können, wären wir ins Kino gegangen. **3** Wenn die Kinder auf dem Rasen hätten spielen dürfen, hätten sie sich gefreut. **4** Wenn ich nicht so lange hätte warten müssen, wäre ich einkaufen gegangen. **5** Wenn es länger hätte dauern sollen, hätte ich es ihnen gesagt.

13 **1** Hätte Astrid zuhören wollen, so/dann hätte sie alles verstanden. **2** Hätte er kommen können, so/dann wären wir ins Kino gegangen. **3** Hätten die Kinder auf dem Rasen spielen dürfen, so hätten sie sich gefreut. **4** Hätte ich nicht so lange warten müssen, dann/so wäre ich einkaufen gegangen. **5** Hätte es länger dauern sollen, dann/so hätte ich es Ihnen gesagt.

14 **1** als ob er ein Milliardär wäre. **2** als ob sie viel Geld hätten. **3** als ob er ein Deutscher wäre. **4** als ob er ein Profi wäre. **5** als ob sie ein Mannequin wäre.

15 **1** Sie hörte Lärm, als ob jemand die Treppe hinaufginge. **2** Ach, wenn ich ins Ausland fahren könnte ! **3** Könnte ich Ihnen eine Frage stellen ? **4** Wenn ich es gewusst hätte, hätte ich nichts gesagt. **5** Es wäre angenehm, wenn das Wetter schön wäre. **6** Wenn du hättest einkaufen können, wäre ich ins Schwimmbad gegangen. **7** Ohne ihn könnte sie nicht leben. **8** Tu doch nicht, als ob du mich nicht gehört hättest ! / ...als hättest du mich nicht gehört ! **9** Er hat nicht viel Geld, sonst hätte er ihr Blumen gekauft. **10** Du hättest früher weggehen sollen.

16 **1** Am liebsten würde ich hier bleiben. **2** Am liebsten würde er Inline-Skates fahren. **3** Am liebsten würde Claudia auf der Bühne singen. **4** Am liebsten würde sie mit Matt Damon zusammen spielen. **5** Am liebsten würde er eine internationale Kampagne durchführen.

29 Verbes + prépositions + accusatif

1 **1** an. **2** auf. **3** für. **4** an. **5** an. **6** über. **7** in. **8** an. **9** um. **10** über.

2 **1** auf. **2** um. **3** um. **4** auf. **5** um. **6** um. **7** gegen. **8** auf. **9** für. **10** an.

3 **1** Wofür interessierst du dich ? **2** Woran gewöhnst du dich ? **3** Worauf wartest du ? **4** Worum kümmerst du dich ? **5** Worauf antwortest du ? **6** Wogegen kämpfen sie ? **7** Worüber ärgerst du dich ?/Worüber beklagst du dich ?/Worüber regst du dich auf ? **8** Woran erinnerst du dich ? **9** Worüber freust du dich ? **10** Worüber lachst du ? (les questions précédentes peuvent être posées également à la forme de politesse)

4 **1** Um wen kümmerst du dich ? **2** Auf wen wartest du ? **3** An wen wendest du dich ? **4** Über wen beklagt er sich ? **5** In wen hat er sich verliebt ?/In wen ist er verliebt ? **6** Wofür interessierst du dich ? **7** An wen denkt er ? **8** Um wen handelt es sich ? **9** An wen denkt sie ?/An wen erinnert sie sich ? **10** An wen glaubst du ?

5 **1** Wofür interessierst du dich ? **2** An wen wendest du dich ? **3** Worauf bereitest du dich vor ? **4** Worüber wunderst du dich ?/Worüber freust du dich ? **5** Worauf trinkst du ? **6** Worauf freust du dich ? **7** An wen schreibt er ?/An wen wendet er sich ?/ An wen erinnert er sich ? **8** Für wen hältst du ihn ? **9** Um wen handelt es sich ? **10** Worüber beklagst du dich ?/Worüber ärgerst du dich ?

6 **a)** **1** Ja, ich erinnere mich daran. **2** Ja, ich interessiere mich dafür. **3** Ja, ich bereite mich darauf vor. **4** Ja, wir diskutieren darüber. **5** Ja, wir kämpfen dagegen.

b) **6** Ja, er ärgert sich über sie. **7** Ja, es handelt sich um ihn. **8** Ja, sie hat sich in ihn verliebt. **9** Ja, ich schreibe an sie. **10** Ja, ich habe lange auf sie gewartet.

7 **1** Woran denkst du ? **2** Auf wen wartest du ? **3** Für wen interessiert er sich ? **4** Über wen machst du dich lustig ? **5** Worum handelt es sich ? **6** Die Kinder ? Ja, ich kümmere mich um sie. **7** Das Abitur ? Ja, ich bereite mich darauf vor. **8** Die Ferien ? Ja, ich denke daran. **9** Das Klima ? Ja, ich gewöhne mich daran. **10** Toni ? Ja, es handelt sich um ihn.

8 **1** Ich warte darauf, dass du mich anrufst. **2** Erinnerst du dich daran, dass du zur Post gehen musst ? **3** Sie wundert sich darüber, dass die deutschen Schüler nachmittags schulfrei haben. **4** Ich freue mich darüber, dass dieser Film Erfolg hat. **5** Ich erinnere mich daran, dass er mich letzte Woche angerufen hat.

30 Verbes + prépositions + datif

1 **1** in. **2** mit. **3** zu. **4** von. **5** von. **6** an. **7** aus. **8** an. **9** von. **10** zu.

2 **1** Nous sommes arrivés dans la ville à 7 h. **2** On le compare à Beethoven. **3** Je t'invite à mon anniversaire. **4** Elle ne gagne pas d'argent et dépend encore de ses parents. **5** Il rêve d'un bungalow en bordure de forêt. **6** On le reconnaît à sa coiffure bizarre. **7** Le logement comprend trois pièces. **8** Tous les amis ont participé à la fête. **9** Il m'a raconté sa randonnée à vélo sur les bords du Rhin. **10** Je te souhaite un bon anniversaire.

3 **1** aus deinem. **2** nach dem. **3** von deinem. **4** mit dem. **5** vom. **6** mit der. **7** an der. **8** zu dem. **9** vor dem. **10** vor.

4 **1** Qu'est-il advenu de ton vieil ami d'école ? **2** L'étranger me demanda son chemin. **3** Nous avons entendu parler de ton accident hier. **4** J'ai téléphoné au directeur ce matin. **5** Notre voyage dépend du temps. **6** Nous commençons le travail demain. **7** La police doute de l'honnêteté de cet homme. **8** Cette jupe noire va très bien avec ton pull blanc. **9** Il fut effrayé par le chien. **10** L'enfant tremblait de froid.

5 **1** Wovor, vor. **2** Womit, mit. **3** Wovon, von. **4** Von wem, von. **5** Woran, an. **6** Womit, mit. **7** Mit wem, mit. **8** Woran, an. **9** Vor wem, vor. **10** Von wem, von.

6 **1** Er hat mich nach dem Weg zum Bahnhof gefragt. **2** Hast du schon von Worpswede gehört ? **3** Ich bin von seinem guten Willen überzeugt. **4** Wir gratulieren dir zu deinem Geburtstag. **5** Womit beginnen wir ? **6** Er hat lange von dieser Reise geträumt. **7** Wir sind um 4 Uhr in der Altstadt angekommen. **8** Was ist aus ihm geworden ? **9** Von wem sprichst du ? **10** Dieses T-Shirt passt gut zu deinen Jeans.

7 **1** seinem. **2** dem. **3** dem. **4** seiner. **5** ihren.

Imprimé en France par EMD S.A. – N° dossier : 12916
Dépôt légal : 1re édition septembre 2002
N° de projet : 10120215 – Dépôt légal : janvier 2005